2024

세법 첫 걸음

세금과 절세를 알고자 하는 모든 한국인을 위한 세법 입문서

JN371804

- 조세란 무엇인가
- 직장인 세금
- 개인사업자 세금
- 부동산 세금

"Nothing is certain but death and taxes."
Benjamin Franklin

Warren Buffett
"A Minimum Tax for the Wealthy"

from the cradle

국민개세주의
國民皆稅主義

to the grave

한 나라가 나라살림을 하기 위한 재원을 마련하기 위해서는 반드시 세금이 필요합니다.

한 개인이 회사로부터 급여를 받으면 근로소득세로 과세를 하고(소득세), 벌어들인 소득으로 소비를 하면(물건을 구입하면) 그 소비에 과세하고(부가가치세, 개별소득세), 소비하고 남은 소득을 모아 재산을 취득하면 그 재산의 취득과 보유에 대해 과세하며(취득세, 재산세, 종합부동산세), 그 재산을 처분하거나 상속·증여하면 또 과세합니다.(양도소득세, 상속세, 증여세)

즉, 세금은 국민의 담세능력(세금을 부담할 수 있는 능력)을 나타내는 소득·소비·재산에 과세가 되는데, 국민의 인생에 조세라는 그물을 겹겹이 쳐놓아 요람에서 무덤까지 세금이 과세되는 것이지요.

오죽하면 미국의 100달러 지폐 속 인물인 벤자민 프랭클린이 친구에게 보낸 편지에서 "세상에서 분명한 것은 오직 죽음과 세금뿐이다"라고 했을까요?

세법 첫걸음
PREFACE

　세상을 살아가면서 세금은 피할 수 없는 존재이며, 너무 어려운 존재입니다. 어렵다고 알려고 하지 않으니 막상 본인에게 세금문제가 생기면 그제서야 세무전문가에게 도움을 요청하려 합니다. 정말 안타깝습니다. 미리 알고 처리했다면 피할 수는 없어도 줄일 수는 있었는데 말이죠. 그것도 알면 알수록 많이……

　"세법 첫걸음"은 세무관련 전문가(세무사, 공인회계사, 세무공무원)가 되려고 공부를 막 시작하는 수험생 뿐 아니라, 이미 세금과 밀접한 관계가 있거나 세금과 절세를 궁금해 하는 직장인, 개인사업자, 부동산투자자들이 알고 있으면 피가 되고 살이 되고 돈이 되는 내용으로 구성을 하였습니다.

　아무쪼록 이 교재가 세무전문가가 되기 위해 세법을 처음 접하는 수험생이나 세금을 정말 알고 싶어하는 모든 이들이 세상을 살아가면서 접하게 되는 다양한 세금들을 쉽게 이해하는 데 도움이 될 수 있기를 바라봅니다.

2024년 4월 27일

김문철

CHAPTER 01 조세란 무엇인가?

01 조세의 개념과 분류   8
   1. 조세의 개념   8
   2. 조세의 근거   11
   재미있는 세금 이야기   국민개세주의[國民皆稅主義]   12

02 조세법의 기본원칙   13
   1. 조세법률주의   13
   2. 조세평등주의   14
   재미있는 세금 이야기   버핏세 [Buffett rule]   14
                         저커버그세[Zuckerberg 稅]   15
                         프랑스의 부자증세   15
                         부유세의 역사(창문세)   15

03 세금의 종류   16
   1. 조세의 분류   16
   재미있는 세금 이야기   요람에서 무덤까지(어디에 과세가 되는가?)   17
   2. 우리나라의 현행 조세체계   18
   3. 세목별 납세의무자 및 과세대상   20

04 조세관련 용어정리   22
   1. 납세자와 납세의무자   22
   2. 과세표준과 과세기간   23
   3. 납세의무의 성립과 확정 및 소멸   23
   4. 결정과 경정, 수정신고·경정청구 및 기한후신고   24
   5. 조세징수관련 용어   25

CHAPTER 02 직장인은 어떤 세금을 내는가?

01 근로소득세   29
   1. 근로소득세 과세방법(연말정산이란?)   29
   재미있는 세금 이야기   연말정산 절차   30
   2. 근로소득의 범위   31
   3. 근로소득금액 계산   32
   4. 과세표준의 계산   33
   5. 산출세액의 계산   40
   6. 근로소득자에게 적용되는 세액공제   40

02 자동차 관련 세금   52
   1. 자동차를 취득할 때 부담하는 세금   52
   재미있는 세금 이야기   친환경차 개별소비세 감면   53
   2. 자동차를 보유하고 있을 때 세금   53
   재미있는 세금 이야기   전기차의 자동차세   54
                         휘발유 가격에 포함된 유류세 인하 예정   55
                       유류세를 포함한 휘발유 가격   55
   3. 자동차를 처분하면 세금을 내야하나?   56

03 주식투자 관련 세금   56
   1. 주식을 취득하는 때   56
   2. 주식을 보유하는 때   56
   3. 주식을 처분하는 때   57

CONTENTS

CHAPTER 03 개인사업자는 어떤 세금을 내는가?

01 사업자 등록 및 기장의무 등   58
    1. 창업시 사업자등록   58
    2. 장부기장 의무   60
    3. 사업용계좌 개설   63
    4. 개인사업자가 내야할 세금   63

02 사업소득에 대한 종합소득세   64
    1. 사업소득금액의 계산   65
    2. 사업소득의 총수입금액   65
    3. 사업소득의 필요경비   66
    4. 사업소득자의 소득세 과세표준 및 산출세액의 계산   67
    5. 사업소득자에게 적용되는 세액공제   67
    6. 확정신고자진납부   69
    7. 성실신고확인제도   69

03 부가가치세   71
    1. 부가가치세의 유형과 과세방법   72
    2. 국경세 조정   74
    3. 영세율과 면세 개념   75
    4. 우리나라 부가가치세제의 특징   77
    5. 부가가치세의 납세의무자   77
    6. 부가가치세의 신고·납부절차   78
    7. 간이과세자   79

CHAPTER 04 부동산 관련 세금에 대해 알아보자

01 부동산을 취득하는 경우   80
    1. 취득세 과세표준   80
    2. 취득세 등의 세율   81
    3. 취득세의 신고납부기한   81
    4. 부동산 취득에 소요된 자금출처조사   82

02 부동산을 보유하고 있는 경우   82
    1. 재산세   82
    2. 종합부동산세   86
    3. 부동산임대로 인한 소득세   91

03 부동산을 처분한 경우   93
    1. 양도소득세 과세대상 자산 중 부동산 및 이에 준하는 자산(1그룹)   93
    2. 양도의 범위   94
    3. 비과세 양도소득   95
    4. 1세대 1주택의 양도소득에 대한 비과세   95
    5. 양도소득 과세표준의 계산   100
    6. 양도소득세의 계산   107
    7. 양도소득세의 납세절차   109

김문철 세법 카페 https://cafe.daum.net/MCanswer
eduwill 동영상 강의 에듀윌 세무사·회계사 https://cpta.eduwill.net/
YouTube 유튜브 김문철 세법 TV

세법 첫걸음

조세란 무엇인가?

01 조세의 개념과 분류

1 조세의 개념

조세는 국가 또는 지방자치단체 등 공권력을 가진 단체가 재정조달의 목적으로 법률에 규정된 과세요건을 충족한 모든 사람에 대해 직접적인 반대급부 없이 강제력에 의해 부과·징수하는 금전급부를 말한다. 이를 구체적으로 설명하면 다음과 같다.

(1) 조세는 재정의 조달을 주된 목적으로 한다.

조세는 국가 또는 지방자치단체가 그의 존속 등을 위해 필요한 재원(즉, 나라살림을 위해 마련하는 수입)을 조달할 목적으로 부과된다. 따라서 범죄 등 위법행위에 대한 방지·처벌을 주된 목적으로 하는 벌금·과료·과태료는 조세가 아니다.

그런데 오늘날에는 조세 중에 재정수입의 목적이 부차적이고, 경기의 조절·부동산투기의 억제·소득의 재분배 등 경제의 안정 또는 사회보장 등의 정책도구적인 기능을 주된 목적으로 하는 조세도 있다.

 참고

2024년 재정지출 예산안 <출처 : 기획재정부 예산안·열린재정>

2024년도의 우리나라 재정지출(예산안)은 656조 6천억원의 규모인데, 이러한 재정지출을 하기 위한 재정수입(안) 중 국세는 400.5조원(2023년 실적) 규모이며, 나머지 재정수입은 국채발행, 공기업 매각, 국가의 사업수입과 기금수입으로 구성되어 있다. 2024년 재정지출을 분야별로 살펴보면 다음과 같다.

구 분	금 액
보건 · 복지 · 노동	242.9조원
교육	89.8조원
문화 · 체육 · 관광	8.7조원
환경	12.5조원
R&D	26.5조원
산업 · 중소기업 · 에너지	28.0조원
SOC	26.4조원
농림 · 수산 · 식품	25.4조원
국방	59.4조원
통일 · 외교	7.5조원
공공질서 · 안전	24.4조원
일반공공행정 및 기타	110.5조원
총지출	656.6조원

(2) 조세는 국가 또는 지방자치단체가 부과하는 권력적 과징금이다.

조세를 부과할 수 있는 과세권자는 국가 또는 지방자치단체이다. 이 경우 국가가 부과하는 조세를 국세라고 하고, 지방자치단체가 부과하는 조세를 지방세라고 한다.

이러한 조세는 공권력단체에 의한 권력적 과징금이라는 점에서 국가 또는 지방자치단체가 그의 재산을 임대하거나 매각하여 얻는 수입 및 국가 또는 지방자치단체가 사업을 경영하여 얻는 사업수입 등과는 구분된다.

> **참고**

지방자치단체

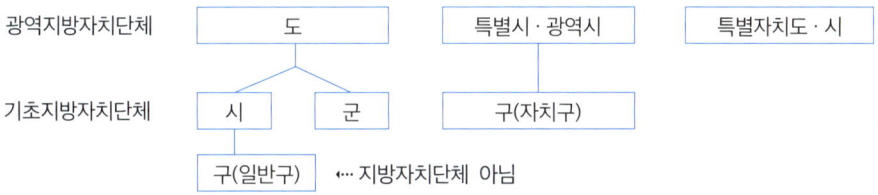

우리나라의 지방자치단체는 2024년 3월 현재 광역지방자치단체 17개와 기초지방자치단체 226개를 합하여 총 243개가 있다. 광역지방자치단체는 서울특별시, 광역시(6개), 도(8개), 제주특별자치도, 세종특별자치시로 구성되어 있으며, 기초지방자치단체는 시(제주시와 서귀포시는 기초지방자치단체가 아님) · 군 및 자치구로 구성되어 있다. 여기서 자치구란 서울특별시와 6개의 광역시에 설치된 구로서 지방세를 독자적으로 부과할 수 있는 구를 말하며, 기초지방자치단체에 설치된 구로서 지방자치를 할 수 없는 일반구(예 고양시 및 전주시 등에 설치된 구)와는 구분된다.

(3) 조세는 법률에 규정된 과세요건을 충족한 모든 자에게 부과된다.

조세는 그 권력적 강제성으로 인하여 헌법에서 보장하고 있는 국민의 재산권이 침해되는 성질을 가지고 있다. 따라서 조세를 부과·징수하기 위해서는 반드시 국민의 대표기관인 국회에서 제정한 법률에서 과세요건을 규정하여야 하고, 그 과세요건을 충족시킨 모든 국민에게 조세의 납세의무가 발생하도록 하여야 한다.

이러한 점에서 조세는 개인간의 사계약에 의해 성립하는 민·상법상의 채권·채무관계와는 구분된다.

> **참고**
>
> **과세요건**
>
> 국가가 과세권을 행사하기 위해 꼭 필요한 요소로 다음의 4가지를 말한다.
> ① **납세의무자**
> ② **과세대상** : 조세부과의 물적대상
> ③ **과세표준** : 과세대상의 크기를 금전 등의 가치로 측정한 값
> ④ **세율**
> 과세요건의 충족이란 과세대상이 납세의무자에게 귀속됨으로써 세법이 정하는 바에 따라 과세표준의 계산 및 세율의 적용이 가능하게 되는 시점을 말한다.

(4) 조세는 직접적인 반대급부가 없다.

조세는 국방·치안·소방·사회복지 등의 편익을 납부한 세금에 비례하여 직접적으로 보상하는 것이 아니라, 모든 국민에게 똑같은 양의 이익을 가져다 주는 일반보상으로서의 성격을 지닌다. 이러한 점에서 조세는 개별보상적 성질을 지니는 행정상의 각종 수수료·사용료·특허료등과는 구별된다.

(5) 조세는 금전으로 납부한다.

조세는 금전으로 납부하는 것이 원칙이다. 그러나 현행 조세 중 상속세와 지방세 중 재산세에서 물납을 허용하는 제도가 있는데, 이는 납세의무자의 편의를 고려하여 법 소정의 요건을 충족하는 경우에만 예외적으로 인정하는 것이다.

2 조세의 근거

세금을 국가가 징수하고 국민이 납부해야하는 근거에 대해서는 다음과 같이 여러학자들에 의한 여러 가지 이론이 있다.

(1) 공공복지설(공공수요설)

국가는 공공의 복지를 증진하기 위해 필요한 경비를 충당하기 위해 국민으로부터 당연히 세금을 징수해야 한다는 학설로 16~17세기에 걸쳐 장 보댕(J. Bodin, 프랑스)에 의해 주장되었다. 즉, 조세는 공공의 수요에 충당하기 위해 '필요에 의해 징수한다'는 이론이다.

(2) 이익설(교환설)

사회계약설에 입각한 이익설은 국가활동에 의해 이익을 얻게 되는 국민은 이에 대한 대가로서 국가에 세금을 납부해야한다는 학설로 17세기 프랑스의 중농학파에 의해서 주장되었다가 18세기에 애덤 스미스(A. Smith, 영국)등의 고전학파에 의해 널리 지지를 받았다.

이러한 이익설은 국가가 제공하는 법질서·국방·치안 등의 공공서비스로 국민은 생명과 재산을 보호 받고 각자의 생업을 보장받아 행복을 추구하자는 일종의 '교환설' 또는 국가가 제공하는 공공서비스 등에 대한 '보상설'이라고도 한다.

(3) 보험료설

이익설과 같은 입장에서 프랑스 사상가 몽테스큐(C. L. Montesquieu, 프랑스)에 의해 주장된 것으로 사회계약설을 기초로 하여 세금을 일종의 보험료라고 생각하는 학설이다. 즉 국가를 보험회사와 같은 것이라고 보고 국민은 피보험자로 생각하여 세금은 재산의 안전을 보호하기 위하여 국민이 지불하는 보험료라고 생각하는 것이다.

(4) 의무설(희생설)

의무설은 '국가는 한 개인이 이 세상에 없어도 존재하는 인간생활의 최고 형식이므로 국가의 존립과 유지를 위해 시민이 조세를 납부하는 것이다'라는 희생설로 독일의 재정학자 와그너(A. Wagner, 독일) 등이 주장한 것이다.

즉, 국가를 떠난 국민은 있을 수 없으므로 국가가 망하지 않도록 하기 위해서 필요한 경비를 국민들이 세금으로 납부해야 한다는 학설이다.

(5) 법규의무설

국민의 의사로 만든 조세법규에 의해 국가는 조세채권자가 되고 국민은 조세채무자가 된다. 이렇게 조세법규에 의해 조세채무자가 된 국민은 의무적으로 세금을 납부해야한다는 법치주의적 조세관으로 오늘날 통설로 되어 있는 학설이다.

재미있는 세금 이야기

국민개세주의 [國民皆稅主義]

한 국가의 국민이라면 모두(皆 : 모두 개) 세금을 내야 한다는 원칙을 말한다. 우리나라 헌법에서도 제38조에 '모든 국민은 법률이 정하는 바에 의하여 납세의 의무를 진다.'고 규정하여 국민개세주의를 천명하고 있다. 하지만 이는 현대에 들어 각자의 소득형편을 전제로 하여 납세의무를 진다는 의미로, 근본적으로 소득에 관계없이 모든 국민은 세금을 내야 한다는 국민개세주의와는 차이가 있다. OECD와 국세청의 자료에 의하면 우리나라의 경우 전체 근로소득자의 약 40%에 상당하는 근로소득자가 근로소득세 면제자에 해당한다. OECD 국가들의 근로소득자 중 면제자 비율이 평균적으로 15% 정도(영국은 2% 대)인 것과 비교하면 근로소득세 면제자 비율이 상당히 높은 나라에 속한다. 물론 소득이 많은 자들은 응능부담의 원칙(應能負擔의 원칙 : 행정서비스를 받는 이익의 양과는 무관하게 부담하는 자의 담세력에 따라 부담되어야 한다는 원칙)에 따라 많은 세금을 내야하는 것은 맞다. 그렇다 하더라도 소득이 있는 자 중에서 면제자 비율이 너무 높은 것도 분명 어느 정도는 개선을 해야 한다는 주장도 나오고 있다.

참고

주요국가 근로소득세 면제자 비중 <출처 : OECD, 2019년 신고 기준>

국 가 명	비 중
한국	38.9%
미국	30.7%
캐나다	17.8%
호주	15.8%
일본	15.5%
영국	2.1%

우리나라 연도별 근로소득세 면제 비율 <출처 : 국세청, 국세통계포털>

신고연도	납세대상자	면 제 자	비 율
2014년	1635만 9770명	512만 1159명	31.3%
2015년	1668만 7079명	802만 3836명	48.1%
2016년	1733만 3394명	810만 4230명	46.8%
2017년	1774만 98명	774만 1942명	43.6%
2018년	1800만 5534명	739만 802명	41.0%
2019년	1857만 7885명	721만 9101명	38.9%
2020년	1916만 7273명	705만 4561명	36.8%
2021년	1949만 5359명	725만 5196명	37.2%
2022년	1995만 9148명	703만 9974명	35.3%
2023년	2053만 4714명	690만 2372명	33.6%

02 조세법의 기본원칙

조세법의 기본원칙이란 세법을 바르게 이해하고 해석하여 이를 적용하는데 준수하여야 할 기본적인 원칙을 말한다. 이러한 조세법의 기본원칙은 조세법률주의와 조세평등주의로 구분되는데 조세법률주의를 형식적 원리, 조세평등주의를 실질적 원리라고 하기도 한다.

1 조세법률주의

조세법률주의는 법률의 근거없이 국가는 조세를 부과·징수할 수 없으며, 국민은 조세의 납부를 요구받지 않는다는 원칙을 말한다. 이는 국가의 과세권 남용으로부터 국민의 재산권을 보호하고 납세자의 법적 안정성과 예측가능성을 보장하기 위한 것으로 조세법의 법원에서 살펴본 바와 같이 헌법에서 규정하고 있다. 이러한 조세법률주의는 일반적으로 다음과 같이 4가지를 그 내용으로 한다.

(1) 과세요건 법정주의

과세요건 법정주의란 과세요건과 조세의 부과·징수절차를 국민의 대표기관인 의회가 제정하는 법률로 규정해야 한다는 원칙으로 조세법률주의의 가장 핵심적 내용을 이루고 있다.

(2) 과세요건 명확주의

과세요건 명확주의란 법률로 제정된 과세요건과 조세의 부과·징수절차의 규정은 그 내용이 명확하고 상세하여야 한다는 원칙을 말한다. 즉, 법률의 규정은 국민의 법적 안정성과 예측가능성을 보장할 수 있어야 하므로 그 규정된 내용이 명확하고 상세하여 자의적으로 해석되지 않아야 한다는 것이다.

(3) 소급과세의 금지

소급과세의 금지란 새로운 세법의 효력발생 전에 종결된 사실에 소급하여 이를 조세부과의 요건으로 삼지 못한다는 원칙이다. 이러한 소급과세의 금지는 조세법률관계에 있어서의 법적 안정성의 보장 및 법질서에 대한 신뢰이익의 보호함에 있어 매우 중요한 원칙이므로 조세법률주의의 일부로 이해되고 있다.

(4) 세법의 엄격해석 및 조세행정의 자유재량 금지

조세는 국민의 재산권을 침해하는 성격을 가지고 있기 때문에 조세법을 집행하는 조세행정은 법률의 엄격한 지배를 받는데 이를 조세행정의 합법성의 원칙이라고 한다.

이러한 조세행정의 합법성을 보장하기 위하여 조세법률주의는 조세법규에 대하여 엄격하게 해석하여 확대해석이나 유추해석을 금하고, 세무행정의 재량에는 자유재량을 금지하고 있다.

2 조세평등주의

조세평등주의는 조세의 부담이 공평하게 국민들 사이에 배분되도록 세법을 제정하여야 하고, 세법의 적용·해석에 있어서도 국민을 평등하게 취급하여야 한다는 원칙을 말한다. 이러한 조세평등의 원칙은 동일한 경제력을 지닌 납세자는 동일한 조세를 부담하여야 한다는 수평적 공평(실질과세의 원칙)과 경제력이 큰 납세자가 경제력이 작은 납세자보다 더 많은 조세를 부담해야 한다는 수직적 공평(응능부담의 원칙)을 그 내용으로 한다.

재미있는 세금 이야기

버핏세 [Buffett rule]

'투자의 귀재'로 유명한 워렌 버핏(Warren Buffett), 버크셔 해서웨이 회장의 이름을 딴 부유층 대상 세금이다. 연간 100만 달러(약 13억 원) 이상을 버는 부유층의 자본소득에 적용되는 실효세율이 적어도 중산층의 실효세율 이상은 되도록 세율 하한선(minimum tax rate)을 정하자는 방안이다.

버핏은 2011년 8월 14일 뉴욕타임스에 기고한 칼럼에서 슈퍼리치에게 증세를 해 미국 정부의 재정적자 문제를 해결하자고 밝혀, 오바마 미국 대통령의 고소득층 증세 방안의 계기를 만들었다. 이 칼럼을 통해 버핏은 자신이 작년에 낸 소득세의 세율이 17.4%에 불과한 반면, 자신의 사무실에서 일하는 20명의 직원이 낸 소득세의 평균 세율은 매우 부당하게도 자신의 두 배가 넘는 36%에 이른다고 밝혔다.

버핏의 주장에 힘입어 오바마 전 미국 대통령은 2011년 9월 19일 부자증세를 골자로 한 재정감축안을 발표했으나 무효화됐다. 최근인 2023년 3월 9일 바이든 미국 대통령도 부자증세(대기업과 연 40만 달러 이상 고소득자를 대상으로 증세하겠다는 내용)를 공식화할 방침이라고 발표했으나 이러한 바이든의 예산안이 원안대로 통과할 가능성은 크지 않다.

한편, 버핏세를 중심으로 한 부자증세 논란은 전 세계로 확산됐으며, 우리나라 역시 2011년 12월 31일 소득세 최고 과세표준 구간(3억원 초과)을 신설해 이 구간에 종전 35%의 최고세율을 38%(현행 세법의 과세표준 1억5천만원 초과시 38%이고, 최고세율은 10억원 초과분에 대해 45%임)로 높이는 일명 한국판 버핏세안을 통과시켰다. 그러나, 정작 버핏이 주장한 미국의 증세는 아직까지 실현되지 않고 있다.

재미있는 세금 이야기

저커버그세 [Zuckerberg 稅]

미국에서 버핏세에 이어 등장한 증세 방안으로, 소셜네트워크서비스(SNS) 페이스북 창업자 겸 CEO인 마크 저커버그(Mark Zuckerberg)의 이름에서 따온 것이다.

주가 상승으로 보유한 주식의 가치가 상승하면 주식을 팔지 않고 갖고 있기만 해도 이 부분에 대해 과세해야 한다는 것인데, 주식 부자나 고소득자를 대상으로 상장주식에 대해선 매년 연말을 기준으로 주식가치를 집계해 한 해 동안 가치가 증가했다면 이에 대해 세금을 부과하자는 주장이다.

실현되지 않은 소득에 과세하는 문제점은 있으나, 대주주의 주식보유에 대한 조세부담으로 재벌의 소유주식비율이 감소되는 효과가 있을 수 있다. 그러나 정작 이를 주장한 저커버그가 대주주라는 사실이 아이러니다.

재미있는 세금 이야기

프랑스의 부자증세

2012년 프랑수아 올랑드 대통령은, 선거 공약이었던 연소득 100만 유로(약 13.5억원)를 초과하는 부자에게 100만 유로를 초과하는 소득에 대해 75%의 세금을 징수하는 부유세를 도입했다. 그 전에는 최고 소득세율이 41%였다. 고소득자에게 세금 폭탄이 떨어졌다. 그러자 프랑스 부자들은 프랑스를 떠나려 했거나 프랑스를 떠났다. 유럽 최고 부자인 루이비통 모에헤네시 그룹(LVMH) 회장인 베르나르 아르노가 이웃 나라 벨기에로 귀화하려고 했고, 국민배우 제라르 드빠르디유가 러시아로 귀화한 것이 대표적인 사례다. 이후 프랑스 경제는 악화되어 세수는 줄고 경기악화로 실업률이 10%까지 치솟았으며, GDP도 -0.1%로 뒷걸음쳤다. 그로부터 2년후 2014년 결국 올랑드 대통령은 손을 들고 2015년에 부유세를 폐지하였다.

재미있는 세금 이야기

부유세의 역사 (창문세)

1662년 영국의 찰스 2세는 전비(戰費) 마련을 위해 난로세를 신설했다. 당시 부(富)의 상징 중 하나가 벽난로였기 때문이다. 월세 20실링 이하의 집에는 난로세를 면제해주고 그 이상의 집은 벽난로 1개당 2실링씩 세금을 부과하였다.

공평과세에 아주 좋은 제도였던 난로세의 문제는 집 안에 벽난로가 몇 개 있는지 알기 위해서는 방문확인이 필요했다는 것이다. 이런 문제를 해결하기 위해 1696년 영국의 윌리엄 3세는 과거 프랑스에서 시행(1303년 프랑스 필립 4세에 의해 고안되었지만 바로 폐지됨)했던 창문세(window tax)를 도입했다. 그 당시에 유리가 귀할 뿐 아니라 유리가 많다는 것은 집안에 난로 등이 많다는 것을 의미하기에 유리창도 부(富)의 상징이었고, 난로세와는 다르게 징수원이 집 안에 들어가서 확인할 필요 없이 창문의 숫자를 세기만 하면 되기 때문에 세금 징수에도 효율적이었다.

몇 차례에 걸친 세율 및 구간 조정이 있은 후 창문 여섯 개까지는 면세로 하고, 일곱 개에서 아홉 개까지는 2실링, 열 개부터 열아홉 개까지는 6실링을 부과하였다.

이 창문세는 1851년 주택세 제도가 도입되기까지 약 150년 동안 지속되었는데, 사람들은 창문세를 줄이거나 회피하기 위해 창문을 합판으로 가려 숨기거나 아예 창문을 막아버리는 선택을 하는 경우가 많았다.

03 세금의 종류

1 조세의 분류

조세는 그 분류기준에 따라 여러 가지 형태로 분류될 수 있는데, 구체적으로 살펴보면 다음과 같다.

분류기준	내 용
(1) 과세주체	① 국세 : 국가가 부과하는 조세(내국세와 관세로 구분됨) ② 지방세 : 지방자치단체가 부과하는 조세
(2) 사용용도	① 보통세 : 조세의 사용용도를 특정하지 않고 일반경비에 충당되는 조세 ② 목적세 : 조세의 사용용도를 특정하여 그 특정경비에만 충당되는 조세
(3) 납세의무자와 담세자의 관계	① 직접세 : 납세의무자와 담세자가 일치하는 조세로서 주로 소득에 대하여 과세하는 조세임 ② 간접세 : 납세의무자와 담세자가 일치하지 않는 조세로서 주로 소비(거래)를 과세대상으로 하는 조세임
(4) 독립적 세원여부	① 독립세 : 독립된 세원에 대하여 부과하는 조세 ② 부가세 : 독립된 세원이 없이 다른 조세에 부과되는 조세
(5) 과세대상 측정단위	① 종가세 : 과세대상을 금액으로 측정하는 조세 ② 종량세 : 과세대상을 수량으로 측정하는 조세
(6) 인적사항 고려여부	① 인세 : 납세의무자의 인적사항을 고려하여 과세하는 조세 ② 물세 : 납세의무자의 인적사항과 관계없이 과세대상에 대하여 과세하는 조세
(7) 담세력 형태 (과세대상)	① 수득세 : 수입을 얻고 있다는 사실에 담세력이 있다고 보아 과세하는 조세(소득세, 법인세) ② 소비세 : 재화 또는 용역을 구입하거나 소비하는 사실에 담세력을 인정하여 과세하는 조세(부가가치세, 개별소비세 등) ③ 재산세 : 재산을 소유한다는 사실에 담세력을 인정하여 과세하는 조세(종합부동산세, 재산세) ④ 유통세 : 권리의 취득·변경 또는 이전 등의 사실에 담세력을 인정하여 과세하는 조세(취득세, 상속세, 증여세 등)로 넓은 의미에서는 재산에 과세하는 조세에 속한다.
(8) 세율	① 비례세 : 과세표준의 크기와는 관계없이 비례세율을 적용하는 조세(부가가치세 : 공급가액의 10%) ② 누진세(초과누진세) : 과세표준의 금액이 증가함에 따라 적용되는 세율도 점차 높아지는 조세(소득세, 법인세)

재미있는 세금 이야기

요람에서 무덤까지 (어디에 과세가 되는가?)

미국의 100달러 지폐 속 인물인 벤자민 프랭클린이 친구에게 보낸 편지에서 "세상에서 분명한 것은 죽음과 세금뿐이다"라고 했듯이 우리가 태어난 이상 세금을 피할 수 있는 방법은 없다. 피할 수 없다면 알아야 하지 않을까?

세금은 국민의 담세능력(세금을 부담할 수 있는 능력)에 따라 과세되는데, 그 담세능력을 나타내는 것을 과세대상(과세물건)이라고 한다. 담세력을 나타내는 과세대상은 크게 소득·소비·재산으로 나눌 수 있는데, 그 중에서 어느 것에 중점을 두어 과세하느냐에 따라 국민 계층간에 배분되는 조세부담의 공평한 정도가 달라진다.

한 개인이 회사로부터 급여를 받으면 근로소득세로 과세를 하고(소득세), 벌어들인 소득으로 소비를 하면(물건을 구입하면) 그 소비에 과세하고(부가가치세, 개별소득세), 소비하고 남은 소득을 모아 재산을 취득하면 그 재산의 취득과 보유에 대해 과세하며(취득세, 재산세, 종합부동산세), 그 재산을 처분하거나 상속·증여하면 또 과세한다.(양도소득세, 상속세, 증여세) 즉, 조세라는 그물을 겹겹이 쳐 놓아 요람에서 무덤까지 세금이 과세되는 것이다.

한 나라의 세제가 소득·소비·재산 중에서 어떤 것에 더 중점을 두고 과세하고 있느냐에 따라 그 나라 국민들의 조세부담 공평성과 국민경제에 미치는 효율성이 다르게 나타난다. 조세정책이 중요하다는 것이다.

2 우리나라의 현행 조세체계

우리나라 현행 조세체계

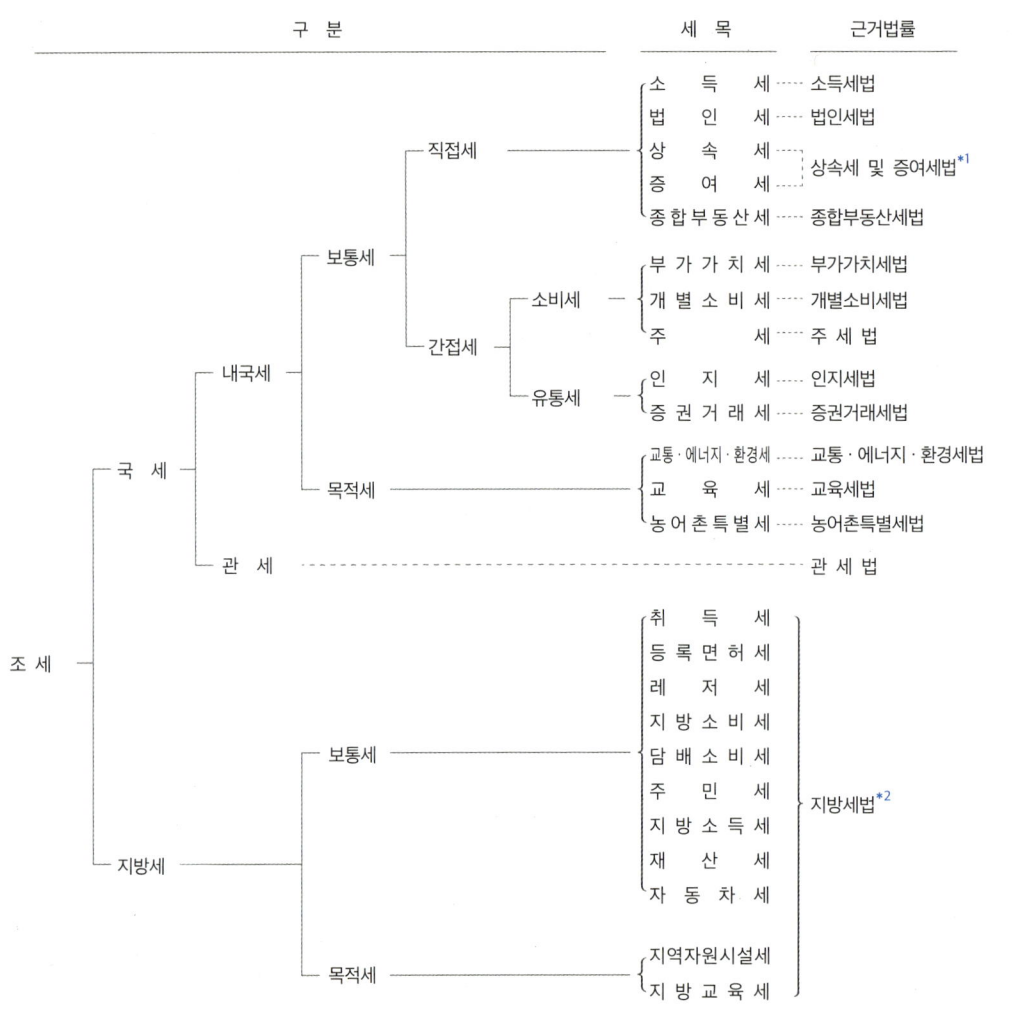

*1. 「상속세 및 증여세법」에서 상속세와 증여세를 모두 규정하고 있다.
 2. 「지방세법」에 취득세·등록면허세 등의 모든 지방세가 포함되어 있다.

> 참고

연도별·세목별 내국세 세수 실적

(단위 : 백만원)

구 분	2018년	2019년	2020년	2021년	2022년	2023년	비율 (2023년)
소득세	86,288,670	89,148,388	98,238,398	119,323,829	133,749,930	121,063,951	32.53%
법인세	70,937,351	72,174,278	55,513,201	70,396,282	103,570,360	80,419,515	21.61%
상속세	2,831,509	3,154,216	3,904,234	6,944,742	7,611,302	8,544,422	2.30%
증여세	4,527,368	5,174,942	6,471,066	8,061,411	6,982,717	6,089,632	1.64%
부가가치세	70,009,108	70,828,268	64,882,907	71,204,565	81,626,608	73,774,862	19.82%
지방소비세 이월	9,141,428	13,242,065	18,125,314	19,894,754	26,984,404	26,309,209	7.07%
개별소비세	10,451,028	9,719,127	9,218,115	9,363,810	9,318,244	8,820,924	2.37%
주세	3,260,915	3,504,110	3,008,381	2,673,378	3,766,531	3,568,637	0.96%
증권거래세	6,241,198	4,473,313	8,758,656	10,255,631	6,302,867	6,080,262	1.63%
인지세	881,254	845,588	965,206	959,756	798,775	796,932	0.21%
교통·에너지·환경세	15,334,854	14,562,708	13,937,883	16,598,390	11,116,375	10,843,590	2.91%
교육세	5,097,573	5,109,935	4,692,746	5,102,900	4,643,472	5,150,609	1.38%
농어촌특별세	3,198,948	2,759,822	5,048,265	7,521,239	5,648,403	5,453,398	1.47%
종합부동산세	1,872,762	2,671,265	3,600,650	6,130,222	6,798,810	4,596,509	1.23%
과년도수입 등	4,494,447	6,015,585	4,251,636	5,678,796	7,399,206	10,697,667	2.87%
합 계	294,568,413	303,383,610	300,616,658	360,109,705	416,318,004	372,210,119	100%

*1. 소득세에는 근로장려금과 자녀장려금을 포함한 금액임
2. 부가가치세세 중 일부가 지방소비세로 이월됨 (2010년부터 2013년도까지는 부가가치세의 5%, 2014년부터 2019년도까지는 부가가치세의 11%, 2020년부터 2021년도까지는 부가가치세의 21%, 2022년도는 부가가치세의 23.7%, 2023년도부터는 부가가치세의 25.3%)
3. 과년도수입 등은 과년도수입과 물납세액, 방위세를 합산한 금액임

> 참고

조세부담률, 국민부담률

조세부담률은 국내총생산에서 조세가 차지하는 비율로서 법인을 포함한 국민이 평균적으로 얼마 정도의 세금을 내고 있는가를 나타내는 지표이다.

$$조세부담률 = \frac{국세 + 지방세}{국내총생산(GDT)}$$

국민부담률은 조세부담률과 사회보장부담률을 합한 것이다. 여기서 사회보장부담률은 국내총생산에서 사회보장부담금(4대 연금, 건강보험, 고용보험기금, 산재보상보험기금)의 총액이 차지하는 비율이다.

$$국민부담률 = 조세부담률 + 사회보장보험료율 = \frac{(국세 + 지방세) + 사회보장보험료}{국내총생산(GDT)}$$

[연도별 조세부담률]   <출처 : 기획재정부 열린재정>

구 분	2018년	2019년	2020년	2021년	2022년	2023년
조세부담률	19.9%	19.9%	20.0%	22.0%	18.3%	23.1%
국민부담률	26.7%	27.2%	27.7%	26.1%	22.5%	27.3%

3 세목별 납세의무자 및 과세대상

<국세>

구 분	내 용
(1) 법인세	법인이 일정 과세기간(사업연도) 동안 벌어들인 소득에 부과하는 세금
(2) 소득세	개인이 1월 1일부터 12월 31일까지 벌어들인 이자소득, 배당소득, 사업소득, 근로소득, 연금소득, 기타소득, 퇴직소득, 양도소득에 부과하는 세금
(3) 상속세	자연인의 사망에 의하여 상속되는 재산에 과세하는 세금
(4) 증여세	타인의 증여로 재산을 무상으로 취득하는 경우에 그 재산을 취득하는 자에게 부과하는 세금
(5) 종합부동산세	매년 6월 1일 현재 일정기준액을 초과하는 주택 및 토지를 보유하는 자에게 부과하는 세금
(6) 부가가치세	사업자가 일정 과세기간 동안 공급한 재화·용역의 매출액(공급가액)에 과세되는 세금으로 공급자는 소비자(재화·용역을 공급받은 자)에게 재화·용역을 공급할 때 부가가치세(매출액의 10%)를 가격에 포함하여 징수하고 징수한 부가가치세를 공급자가 납부하는 간접세
(7) 개별소비세	특정한 물품, 특정한 장소 입장행위, 특정한 장소에서의 유흥음식행위 및 특정한 장소에서의 영업행위에 대하여 부과하는 세금으로 특정한 물품 등의 가격에 포함되어 소비하는 자가 부담하고 공급자가 납부하는 간접세
(8) 주세	주류(주정, 알코올분 1도 이상의 음료)에 부과하는 세금으로 간접세
(9) 교통·에너지·환경세	도로·도시철도 등 교통시설 확충 및 대중교통 육성을 위한 사업, 에너지 및 자원관련 사업, 환경의 보전과 개선을 위한 사업에 필요한 재원을 확보함을 목적으로 휘발유와 경유 등에 부과하는 목적세이자 간접세

구 분	내 용
(10) 인지세	국내에서 재산에 관한 권리 등의 창설·이전 또는 변경에 관한 계약서나 이를 증명하는 그밖의 문서를 작성하는 자에게 부과하는 세금
(11) 증권거래세	주권 또는 지분의 양도시 부과하는 세금
(12) 교육세	교육의 질적 향상을 도모하기 위하여 필요한 교육재정의 확충에 드는 재원을 확보함을 목적으로 금융·보험업자의 수입금액과 개별소비세, 주세, 교통·에너지·환경세에 부과되는 목적세이자 부가세
(13) 농어촌특별세	농어업의 경쟁력강화와 농어촌산업기반시설의 확충 및 농어촌지역 개발사업을 위하여 필요한 재원을 확보함을 목적으로 소득세·법인세·관세·취득세·등록에 대한 등록면허세의 감면세액과 개별소비세, 증권거래세, 취득세, 레저세, 종합부동산세에 부과하는 목적세이자 부가세

\<지방세\>

구 분	내 용
(1) 취득세	부동산, 차량, 기계장비, 항공기, 선박, 입목, 광업권, 어업권, 골프회원권, 요트회원권, 승마회원권, 콘도미니엄 회원권, 종합체육시설 이용회원권을 취득한 자에게 부과하는 세금
(2) 등록면허세	① **등록에 대한 등록면허세** : 재산권과 그 밖의 권리의 설정·변경 또는 소멸에 관한 사항을 공부에 등기하거나 등록하는 경우에 부과하는 세금 ② **면허에 대한 등록면허세** : 면허(각종 법령에 규정된 면허·허가·인가·등록·지정·검사·검열·심사 등 특정한 영업설비 또는 행위에 대한 권리의 설정, 금지의 해제 또는 신고의 수리 등 행정청의 행위)를 받는 경우에 부과하는 세금
(3) 주민세	① **개인분 주민세** : 매년 7월 1일 현재 지방자치단체에 주소를 둔 개인에게 회비의 성격으로 일정금액을 부과하는 세금 ② **사업소분 주민세** : 매년 7월 1일 현재 지방자치단체에 소재한 사업소 및 그 연면적을 과세표준으로 하며 부과하는 세금 ③ **종업원분 주민세** : 종업원에게 급여를 지급하는 사업주에게 종업원의 급여총액의 일정%로 부과하는 세금
(4) 지방소득세	① **법인 지방소득세** : 법인세액의 10%에 상당하는 세금 ② **개인 지방소득세** : 소득세액의 10%에 상당하는 세금
(5) 지방소비세	지역경제 활성화 및 지방세수확충을 위해 부가가치세 차감납부세액의 25.3%를 지방세로 전환한 세금
(6) 재산세	매년 6월 1일 현재 토지, 건축물, 주택, 선박 및 항공기를 보유하는 자에게 부과하는 세금
(7) 자동차세	① **자동차 소유에 대한 자동차세** : 자동차를 매년 6월 1일과 12월 1일에 소유하고 있는 자에게 자동차의 배기량과 차령 등을 고려하여 매년 부과하는 세금 ② **자동차 주행에 대한 자동차세** : 교통·에너지·환경세의 납세의무자에게 교통·에너지·환경세액의 일정%로 부과하는 세금으로 간접세
(8) 레저세	경륜, 경정, 경마, 소싸움의 승자투표권 및 승마투표권에 부과하는 세금으로 간접세
(9) 담배소비세	각종 담배에 부과하는 세금으로 간접세
(10) 지역자원 시설세	지역의 균형개발 및 수질개선과 수자원보호 등에 드는 재원을 확보하거나 소방시설, 오물처리시설, 수리시설 및 그 밖의 공공시설에 필요한 비용을 충당하기 위한 목적세로서 발전용수·지하수·지하자원·원자력발전·화력발전 및 컨테이너 부두를 이용하는 컨테이너를 과세대상으로 하여 부과하거나, 소방시설 등으로 인하여 이익을 받는 자에게 부과하는 세금
(11) 지방교육세	지역교육의 질적 향상에 필요한 지방교육재정의 확충에 드는 재원을 확보하기 위한 목적세로서 부동산 등의 취득세, 레저세 및 재산세 등에 부과하는 부가세

04 조세관련 용어정리

세금과 관련된 용어는 너무 어렵다. 그러나 세금을 제대로 이해하기 위해서는 관련 용어의 뜻을 명확하게 아는 것이 중요하다.

1 납세자와 납세의무자

납세자란 세법에 의하여 국세를 납부할 의무가 있는 개인이나 법인을 말하는데, 이는 납세의무자와 징수의무자(원천징수의무자 등)로 구분된다.

(1) 납세의무자

세법에 의하여 국세 등을 납부할 의무(국세 등을 징수하여 납부할 의무는 제외함)가 있는 자를 말하며, 연대납세의무자와 제2차 납세의무자 및 납세보증인을 포함한다.

(2) 연대납세의무자

연대납세의무란 수인의 납세의무자가 동일한 납세의무에 대하여 각각 독립하여 납세의무 전부를 각자 이행할 의무가 있고, 연대납세의무자 1인이 납세의무를 이행하면 다른 연대납세의무도 소멸하는 납세의무를 말한다. 이 경우 연대납세의무자 중 1인이 납세의무를 이행하여 모든 연대납세의무자가 공동 면책된 경우에는 그 1인은 다른 연대납세의무자의 부담부분에 대하여 구상권을 행사할 수 있다. 이러한 연대납세의무의 대표적인 사례는 공동상속시 피상속인의 국세 등에 대해 공동상속인의 연대납세의무가 있다.

(3) 제2차 납세의무자

제2차 납세의무란 주된 납세자의 재산에 대해 강제징수를 하여도 그가 납부하여야 할 국세 등에 충당하기에 부족한 경우에 주된 납세자와 일정한 관계에 있는 자(주된 납세자가 세금을 내지 않아 이익을 얻은 자 등)가 그 부족액에 대해 보충적으로 부담하는 납세의무를 말한다. 이러한 제2차 납세의무의 대표적인 사례는 해산하는 법인에게 징수하지 못한 국세 등에 대한 청산인 등의 제2차 납세의무가 있다.

(4) 납세보증인

납세자의 국세 또는 강제징수비의 납부를 보증한 자를 말한다.

(5) 원천징수의무자

원천징수란 상대방의 소득을 지급할 때 소득을 지급하는 자가 그 소득을 지급받는 자의 조세를 징수하여 정부에 납부하는 제도를 말한다. 즉, 원천징수의 대상이 되는 소득을 지급하는 자가 지급하는 소득에서 그 소득에 대한 원천징수세액을 차감한 잔액만을 지급하고 원천징수세액을 다음 달 10일까지 관할세무서에 납부하는 것이다. 이러한 원천징수제도에 의해 과세관청은 세수의 조기 확보가 가능하고, 소득을 지급받는 자의 소득을 쉽게 파악할 수 있게 된다.

2 과세표준과 과세기간

(1) 과세표준

세법에 따라 직접적으로 세액계산의 기초가 되는 과세대상의 수량 또는 금액을 말한다. 즉, 세액을 계산하기 위해 과세대상의 크기를 금전 등의 가치로 측정한 값을 의미한다. 일반적으로 과세표준에 세율을 곱하여 세액을 계산한다.

(2) 과세기간

세법에 따라 국세의 과세표준 계산의 기초가 되는 기간을 말한다. 과세대상이 일정기간 동안 벌어들인 소득이나 매출액인 법인세, 소득세, 부가가치세는 세금을 계산하기 위해 과세기간이 필요하다. 법인세의 과세기간은 법령 또는 정관에서 정하는 회계기간을 말하는데 그 기간은 1년을 초과할 수 없고, 소득세 과세기간은 1월 1일부터 12월 31일까지를 과세기간으로 하며, 부가가치세는 1월 1일부터 6월 30일까지(제1기)와 7월 1일부터 12월 31일까지(제2기)를 과세기간으로 한다.

3 납세의무의 성립과 확정 및 소멸

모든 납세의무는 성립, 확정, 소멸의 과정을 거친다. 즉, 납세의무는 과세요건이 충족할 때 성립하고, 추상적으로 성립된 납세의무는 특정 절차를 거쳐 구체적으로 확정되며, 확정된 납세의무는 납부 등으로 소멸한다.

(1) 납세의무의 성립

납세의무는 각 세법이 정하는 과세요건이 충족되는 시점에 성립하는데, 여기서 과세요건이 충족되는 시점이란 과세대상이 납세의무자에게 귀속됨으로써 세법이 정하는 바에 따라 과세표준의 계산 및 세율의 적용이 가능하게 되는 시점을 말한다. 대표적인 세목별 납세의무의 성립시기는 다음과 같다.

구 분		납세의무의 성립시기
과세기간이 정하여진 국세	① 소득세 ② 법인세 ③ 부가가치세	과세기간이 종료하는 때
특정행위에 대하여 부과하는 국세	① 상속세 ② 증여세 ③ 증권거래세	상속을 개시하는 때 증여에 의해 재산을 취득하는 때 해당 매매거래가 확정되는 때

(2) 납세의무의 확정

납세의무의 확정이란 추상적으로 성립한 납세의무에 대하여 과세요건 사실을 파악하고 국가 또는 납세의무자가 일정한 행위나 절차를 거쳐 조세채권·채무의 내용을 구체적으로 확인해야 하는 절차를 말한다. 이러한 납세의무의 확정방법은 다음과 같이 3가지가 있다.

① **신고납부제도** : 납세자가 과세표준과 세액을 신고함으로써 납세의무가 확정되는 방식이다. 법인세, 소득세, 부가가치세 등 대부분의 세금이 신고납부제도이다.

② **정부부과제도** : 과세관청이 납세의무를 확정하는 방식이다. 상속세 및 증여세, 종합부동산세가 여기에 속하며, 상속세 및 증여세에 대하여는 납세자에게 신고의무가 있다 하더라도 이러한 신고는 협력의무에 불과하다. 예를 들어 증여세의 경우, 납세자가 증여세 과세표준과 세액을 신고하더라도 신고로써 납세의무가 확정되지 않는다. 과세관청은 그 신고한 내용 등을 바탕으로 세액을 결정하여 납세자에게 통지한다.

③ **자동확정** : 특별한 절차없이 납세의무가 성립한 때에 자동적으로 확정되는 방식이다. 원천징수하는 소득세 등이 여기에 해당한다.

(3) 납세의무의 소멸

납세의무자가 확정된 세액을 납부하면 납세의무는 소멸한다. 이러한 납세의무의 소멸사유는 납부 외에 충당(결정된 국세환급금과 납세자의 조세채무를 상계하는 것)이나 부과취소, 부과권 제척기간의 만료, 징수권 소멸시효의 완성이 있다.

4 결정과 경정, 수정신고·경정청구 및 기한후신고

(1) 결정

과세관청(정부)이 과세표준과 세액을 처음으로 확정하는 것을 말한다.

(2) 경정

과세표준과 세액에 오류 또는 탈루가 있는 경우에 확정된 납세의무를 과세관청(정부)이 변경하는 것을 말한다.

(3) 수정신고

과세표준과 세액을 과소신고하거나 과세표준에는 변동이 없지만 신고내용이 불완전한 경우 납세의무자가 스스로 이를 정정하는 신고를 말한다.

(4) 경정청구

이미 신고·결정·경정된 과세표준과 세액이 과대한 경우에 납세의무자가 관할세무서장에게 과세표준과 세액의 결정·경정을 청구하는 것을 말한다.

(5) 기한후신고

법정신고기한까지 신고하지 아니한 납세의무자가 법정신고기한이 지난 후 관할세무서장이 과세표준과 세액을 결정하여 통지하기 전까지 과세표준신고서를 제출하는 것을 말한다.

5 조세징수관련 용어

(1) 국세징수절차

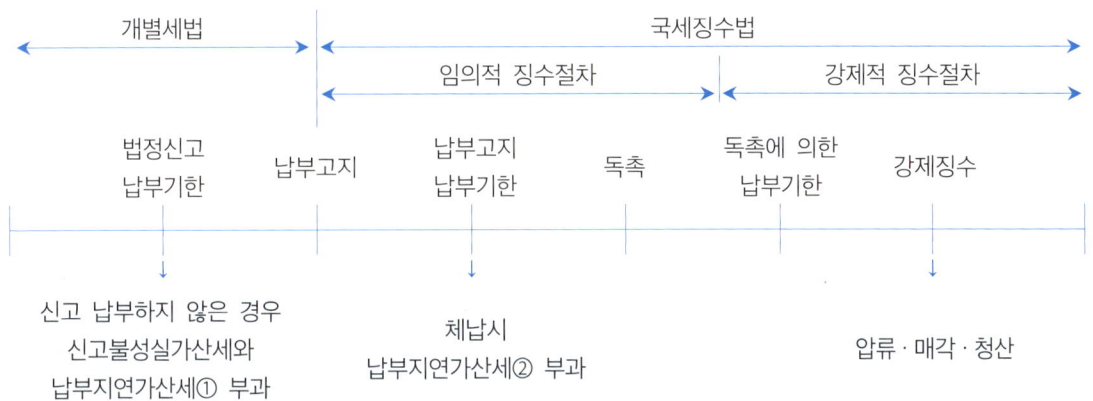

(2) 가산세

세법에서 규정하는 의무의 이행을 확보하기 위하여 세법에 따라 산출한 세액에 가산하여 징수하는 금액을 말한다. 이러한 가산세는 세법이 정한 각종 의무의 불이행에 가해지는 벌과금적 성격을 가지고 있으며 해당 세법이 정하는 국세의 세목에 포함된다. 예를 들어 법인세법이 정하는 법정신고납부기한까지 법인세를 납부하지 않은 경우에는 납부지연가산세가 부과되며, 이는 해당 법인세의 일부인 것이다.

참고

납부지연가산세

납부지연가산세 = ① + ②
① 국세를 법정납부기한까지 납부하지 않거나 과소납부한 경우 :
   미납세액 × {납부기한(환급받은 날)의 다음날 ~ 납부일*} × 1일 0.022%
   * 납부고지일부터 납부고지서에 따른 지정납부기한까지의 기간은 제외함
② 국세를 납부고지서에 따른 납부기한까지 완납하지 않은 경우 : 미납세액 × 3%

* 추가 고려사항
1. 납부고지서에 따른 납부기한의 다음날부터 납부일까지의 기간이 5년을 초과하는 경우에는 그 기간은 5년으로 한다.
2. 납부고지서에 따른 고지세액(告知稅額)이 납부고지서별·세목별 150만원 미만인 경우에는 납부고지서에 따른 납부기한의 다음날부터 납부지연가산세의 ①에 해당하는 가산세를 적용하지 아니한다.

(3) 체납자

국세를 납부고지서상 납부기한까지 납부하지 않은 납세자를 말한다.

(4) 독촉

납세자가 납부고지서에 지정납부기한까지 국세 등을 완납하지 않은 경우에 그 납부를 촉구하는 절차를 말한다. 이러한 독촉장은 납부고지서의 납부기한이 지난 후 10일 내에 독촉장을 발급하고, 그 납부기한은 발급일부터 20일 내로 한다.

(5) 강제징수

납세자가 납부고지 또는 독촉에 의한 납부기한까지 국세 등을 완납하지 않은 경우에 관할세무서가 납세자의 재산에 대하여 강제집행을 하게 되는데, 이러한 강제적 징수절차를 강제징수라고 한다. 강제징수는 압류 → 매각 → 청산의 3단계로 구성된다.

(6) 강제징수비

국세징수법 중 체납처분에 관한 규정에 따른 재산의 압류, 보관, 운반과 공매에 소요된 비용(공매를 대행시키는 경우 그 수수료를 포함한다)을 말한다.

(7) 체납액

체납한(납부고지서상 납부기한까지 납부하지 아니한) 국세 및 강제징수비를 포함한 것을 말한다.

(8) 압류

압류란 납세자가 독촉에 의한 납부기한까지 조세를 납부하지 않은 경우에 체납자의 특정재산에 대하여 매각 등의 처분을 금지시키는 행위를 말한다.

(9) 청산

청산이란 압류재산의 매각대금 및 그 매각대금의 예치이자 등 강제징수에 의해 얻은 금전을 국세·강제징수비와 기타 채권에 배분하는 것을 말한다.

CHAPTER 02 직장인은 어떤 세금을 내는가?

직장인이 되면 회사로부터 월급과 보너스를 받게 된다. 이것을 근로소득이라고 하는데 근로소득 중에서는 과세되는 것도 있고, 과세되지 않는 것(비과세)도 있다. 돈을 벌었으니 국가에 세금을 내는 것은 당연한데 번 돈이 무조건 과세가 되는 것은 아니라는 것이다.

또한, 과세가 되는 소득이라고 무조건 세율을 곱해서 세금을 계산하는 것이 아니라 이런 저런 것들('소득공제'라 함)을 과세가 되는 소득에서 빼주기도 한다. 과세가 되는 소득에서 소득공제를 뺀 금액을 과세표준이라고 한다.

그리고, 과세표준에 세율을 곱해서 나온 금액을 산출세액이라고 하는데, 이 산출세액을 국가에 다 내는 것도 아니다. 국가에 내는 세금은 이 산출세액에서 세액공제라는 것을 빼고 남은 금액이 있으면 국가에 그 금액을 내는 것이다.

회사로부터 받은 것이 있지만 과세가 안 되는 것, 과세가 되는 소득에서 빼주는 소득공제, 산출세액이라는 것에서 또 빼준다는 세액공제라는 것 등이 궁금하지 않은가?

또한, 직장인이 되면 주식 투자도 하고, 자동차도 구입하게 된다. 주식에 투자하면 어떤 세금이 있고 어떻게 세금을 내고 있는지, 자동차를 구입하고 보유하는 과정에서는 어떤 세금들이 있는지 알고 싶지 않은가?

직장인은 당연하고, 직장인이 아니더라도 세금(세법) 전문가가 되려고 공부를 막 시작하는 수험생이 본격적으로 세법을 공부하기 전에 미리 알고 있으면 도움이 되는 내용을 이 파트에 담았다.

아는 게 힘이고, 알아야 돈이 된다. 이제부터 돈이 되는 직장인들의 세금에 대해서 알아보도록 하자.

 # 근로소득세

1 근로소득세 과세방법(연말정산이란?)

(1) 급여와 상여금 지급시 원천징수

회사는 직원에게 급여 등을 지급할 때 간이세액표<참고>에 따라 급여의 일정액(근로자의 신청으로 간이세액표에 따른 세액의 80%~120%에 해당하는 금액의 원천징수를 신청하는 경우에는 그에 따라 원천징수할 수 있음)을 매월 징수하여 다음 달 10일까지 과세관청에 납부한다.

회사는 직원에게 지급하는 급여 등을 비용으로 인정받아야 소득을 줄일 수 있는데, 지급한 급여 등을 비용을 인정받기 위해서는 소득을 지급받는 자가 발급한 증빙이 필요하다. 세법에서는 회사가 직원에게 급여 등을 지급할 때 원천징수하고 납부한 금액에 대해서 지급명세서를 작성하여 제출하면 그 지급명세서를 증빙으로 인정해주며, 이렇게 인정된 증빙은 회사의 비용으로 인정되어 회사의 소득을 줄일 수 있다.

그러다보니 근로자의 모든 근로소득은 자연스럽게 과세관청에 포착되며, 그래서 사람들은 근로자의 근로소득을 '유리지갑'이라고 부른다.

 참고

간이세액표

간이세액표란 회사가 근로자에게 매월 급여를 지급하는 때에 원천징수해야 하는 세액을 급여수준 및 가족 수별로 정한 표로서 간이세액표의 해당세액은 월급여액(비과세소득 제외)을 연간 총급여액으로 환산한 금액에 근로소득공제, 기본공제, 특별공제 중 일부, 연금보험료공제 및 근로소득세액공제를 반영하여 대략적으로 계산한 금액으로 아래 표와 같다.

월급여액(천원)(비과세 및 학자금 제외)		공제대상 가족의 수(본인과 배우자를 각각 1인으로, 8세 이상 20세 이하 자녀는 1명당 2인으로 계산함)				
이상	미만	1	2	3	4	5
2,730	2,740	50,810	36,470	22,880	18,030	14,650
2,740	2,750	51,670	36,810	23,210	18,240	14,860
2,750	2,760	52,530	37,160	23,540	18,450	15,070
2,760	2,770	53,380	37,500	23,870	18,660	15,290
:	:	:	:	:	:	:

(2) 다음 연도 연초에 연말정산

간이세액표에 의한 원천징수액은 부양가족 수에 따라 대략적으로 산출해 놓은 것에 불과하므로 1년간의 근로소득에 대해 실제로 부담할 세액과 일치하지 않는다.

따라서 지난 1년 동안 원천징수로 뗀 세액과 근로소득만 있다고 가정했을 때 실제로 부담해야할 세액을 따져서 과부족을 정산할 필요가 있는데, 이를 연말정산이라고 한다.

연말정산은 매년 2월분 급여 지급 시에 회사에서 대신 해주는 것이지만, 지난 1년 중에 지출한 보험료, 의료비, 교육비, 기부금 등을 반영한 실제 세부담(연말정산 시 결정세액)보다 원천징수로 뗀 세액이 큰 경우 근로소득자는 연말정산에서 그 차액을 환급받을 수 있다.

직장인들은 보험료·의료비·교육비 등의 지출증빙서류를 회사에 제출하면 세금을 환급받을 수 있는 좋은 기회가 되므로 연말정산제도를 잘 이용해야 한다. 오죽하면 연말정산을 '13번째 월급'이라고 부르겠는가?

재미있는 세금 이야기

연말정산 절차

연간 근로소득		
(-) 비과세소득		
총급여액	의료비, 연금계좌, 월세 세액공제 및 신용카드등 소득공제 적용시 활용	
(-) 근로소득공제	근로소득공제표에 의해 계산하며, 2,000만원을 한도로 함	
근로소득금액	기부금 및 소기업소상공인 소득공제 한도 적용시 활용	
(-) 종합소득공제 (관련자료 제출)	인적공제	기본공제(부양가족 당 150만원)과 추가공제(경로우대공제, 장애인공제, 부녀자공제, 한부모공제)
	특별소득공제	보험료공제(건강보험료, 고용보험료, 노인장기요양보험료 전액 공제), 주택자금공제(주택임차차입금 원리금상환액공제, 장기주택저당차입금 이자상환액 공제)
	연금보험료공제	공적연금의 근로자부담금 전액 공제
	그 밖의 소득공제	주택마련저축공제, 신용카드 등 사용금액에 대한 소득공제, 우리사주조합출연금 소득공제, 장기집합투자증권저축 소득공제
과세표준		
(×) 기본세율	6%~45%의 8단계 초과누진세율	
산출세액		
(-) 세액공제 (관련자료 제출)	근로소득세액공제, 자녀세액공제, 연금계좌세액공제, 특별세액공제(보험료 세액공제, 의료비 세액공제, 교육비 세액공제, 기부금 세액공제), 월세 세액공제	
결정세액		
(-) 기납부세액	원천징수세액	
차감징수세액	결정세액 > 기납부세액 : 차액을 납부, 결정세액 < 기납부세액 : 차액을 환급	

(3) 다음 연도 5월에 소득세 확정신고납부

직장인이 근로소득 이외의 이자, 배당, 사업, 연금, 기타소득이 있는 경우에는 다음 연도 5월에 이미 연말정산한 근로소득과 이외의 소득을 합하여 종합소득과세표준 확정신고를 하여야 한다.

근로소득 이외의 다른 소득이 없는 경우에는 연말정산에 의하여 납세의무가 종결되므로 5월에 과세표준 확정신고를 할 필요가 없다.

2 근로소득의 범위

근로소득이란 고용계약에 의하여 근로를 제공하고 받는 각종 대가를 말한다. 따라서 근로의 대가로 근로자가 받는 것이라면 지급방법이나 명칭에 관계없이 모두 근로소득이 된다.

(1) 근로소득에 포함되는 것

근로계약에 의하여 근로를 제공하고 받은 모든 대가를 말하므로 기본급, 봉급, 급료, 세비, 임금, 상여금, 식비보조금, 휴가비, 연구보조비, 각종 수당, 주택을 제공받음으로써 얻은 이익 및 기밀비·교재비 기타 이와 유사한 명목으로 받는 것으로서 업무를 위하여 사용된 것이 분명하지 아니한 급여 등이 근로소득에 포함된다.

(2) 비과세 근로소득

근로소득자가 지급받는 소득 중 다음에 해당하는 것은 비과세 근로소득으로 하여 총급여액 계산시 차감된다.

① 업무와 관련하여 정해진 지급기준에 따라 받은 본인의 교육비 부담금
② 실비변상적인 성질의 급여 : 일직료·숙직료·여비로서 실비변상 정도의 급여, 자가운전보조금 중 월 20만원 이내의 금액, 교원과 법 소정의 연구원이 받는 월 20만원 이내의 연구보조비, 각종 위험수당, 제복·제모·제화·작업복, 천재지변 기타 재해로 인하여 받는 급여 등
③ 식사 또는 식사를 제공받지 아니하는 근로자가 받는 월 20만원 이하의 식사대
④ 국외(북한 포함)에서 근로를 제공하고 받은 월 100만원(원양어업선박, 외국항행선박, 국외 건설현장에서 근로를 제공하고 받는 보수는 월 500만원) 이내의 금액
⑤ 생산직근로자 등(월정액급여가 210만원 이하이며, 직전 과세기간 총급여액이 3천만원 이하인 경우)이 받는 초과근로수당 중 연 240만원 이내의 금액
⑥ 국민건강보험법, 고용보험법, 노인장기요양보험법에 의하여 국가·지방자치단체 또는 사용자가 부담하는 부담금
⑦ 산재로 인해 근로자나 그 유족이 지급받는 배상·보상·위자의 성질이 있는 급여, 실업급여, 육아휴직급여, 육아기 근로시간 단축급여, 출산전후휴가 급여 등

⑧ 직무발명보상금으로서 700만원 이하의 금액
⑨ 복리후생적 성질의 급여 : 비출자임원·소액출자임원·직원이 사택을 제공받음으로써 얻는 이익, 중소기업 종업원이 주택취득·임차자금에 소요되는 자금을 저리 또는 무상으로 대여 받음으로써 얻는 이익, 단체보장성보험료 중 연 70만원 이내의 금액 등
⑩ 근로자 또는 그 배우자의 출산이나 6세 이하의 자녀의 보육과 관련하여 사용자로부터 지급받는 급여로서 월 20만원 이내의 금액

3 근로소득금액 계산

근로소득금액은 비과세소득을 제외한 총급여액에서 근로소득공제를 차감하여 계산한다.

(1) 근로소득금액의 계산

근로소득 - 비과세 근로소득 ⇒ 총급여액 - 근로소득공제 ⇒ 근로소득금액

(2) 근로소득공제액(일용근로자 제외) - 한도 : 2,000만원

총 급 여 액	근로소득공제액
500만원 이하	총급여액 × 70%
500만원 초과 1,500만원 이하	350만원 + (총급여액 - 500만원) × 40%
1,500만원 초과 4,500만원 이하	750만원 + (총급여액 - 1,500만원) × 15%
4,500만원 초과 1억원 이하	1,200만원 + (총급여액 - 4,500만원) × 5%
1억원 초과	1,475만원 + (총급여액 - 1억원) × 2%

4 과세표준의 계산

과세표준 = 근로소득금액 - 종합소득공제

종합소득공제는 다음과 같다.

- 인적공제 ─ 기본공제
           └ 추가공제
- 특별소득공제 ─ 보험료공제
              └ 주택자금공제
- 기타의 공제 ─ 연금보험료공제
             ├ 주택마련저축공제
             ├ 신용카드 등 사용금액에 대한 소득공제
             └ 그 밖의 「조세특례제한법」상 소득공제

(1) 인적공제

기본공제와 추가공제를 인적공제라고 하며, 인적공제의 합계액이 종합소득금액을 초과하는 경우 그 초과하는 공제액은 없는 것으로 한다.

① 기본공제

기본공제란 다음 중 어느 하나에 해당하는 가족수에 1인당 150만원을 곱하여 계산한 금액을 거주자의 종합소득금액에서 공제하는 것을 말한다.

구 분	요 건	
	나이(장애인 제외)	연간소득금액
본인공제	-	
배우자 공제	-	100만원 이하 (근로소득만 있는 경우는 총급여액 500만원 이하)
부양가족공제		
① 직계존속	60세 이상	
② 직계비속과 입양자	20세 이하	
③ 형제자매	20세 이하 또는 60세 이상	
④ 기초생활수급자	-	
⑤ 해당 과세기간에 6개월 이상 직접 양육한 위탁아동	-	

*1. 부양가족이란 주민등록표상의 동거가족으로서 해당 거주자의 주소 또는 거소에서 현실적으로 생계를 같이 하는 자를 말하며, 배우자의 직계존속·형제자매를 포함한다. 다만, 여기에는 다음의 예외사항이 있다.
  ① 직계비속·입양자는 항상 생계를 같이하는 부양가족으로 본다.
  ② 거주자 또는 직계비속을 제외한 동거가족이 취학·질병의 요양·근무상 또는 사업상의 형편 등으로 본래의 주소·거소를 일시퇴거한 경우에도 생계를 같이하는 자로 본다.
  ③ 거주자(그 배우자 포함)의 직계존속이 주거의 형편에 따라 별거하고 있는 경우에는 이를 생계를 같이하는 자로 한다.
2. 장애인은 나이의 제한은 받지 않으나 소득금액의 제한은 받는다.
3. 기본공제대상자가 직계비속 또는 입양자인 경우 해당 직계비속 또는 입양자와 그 배우자가 모두 장애인에 해당하는 경우에는 그 배우자도 기본공제대상자에 포함한다.
4. 직계존속이 재혼한 경우에는 그 배우자를 직계존속으로 보며, 거주자가 재혼한 경우에는 그 배우자의 직계비속을 직계비속으로 본다.
5. 공제대상의 판정기준이 되는 소득금액은 소득세법상 종합과세되는 종합소득·퇴직소득·양도소득금액임에 주의하여야 한다. 따라서 분리과세소득이나 비과세·비열거소득은 포함되지 않는다.

② 추가공제

추가공제란 기본공제대상자가 다음 중 어느 하나의 사유에 해당하는 경우에 각 사유별로 해당 인원수에 1인당 다음의 금액을 추가로 공제하는 것을 말한다. 다만, 부녀자공제와 한부모소득공제에 모두 해당되는 경우에는 한부모소득공제를 적용한다.

구 분	요 건	공제금액
경로우대공제	기본공제대상자가 70세 이상인 경우	100만원
장애인공제	기본공제대상자가 장애인인 경우	200만원
부녀자공제	해당 거주자*가 다음 중 어느 하나에 해당하는 경우 ① 배우자가 없는 여성으로서 기본공제대상자인 부양가족이 있는 세대주인 경우 ② 배우자가 있는 여성인 경우 　* 부녀자공제를 적용받을 수 있는 거주자는 해당 과세기간에 종합소득과세표준을 계산할 때 합산하는 종합소득금액이 3천만원 이하인 거주자로 한정한다.	50만원
한부모소득공제	해당 거주자가 배우자가 없는 사람으로서 기본공제대상자인 직계비속 또는 입양자가 있는 경우	100만원

* 기본공제대상자인 경우에 추가공제를 적용하므로 소득금액이 초과하여 기본공제를 받지 아니한 자에게는 추가공제를 적용하지 않는다.

(2) 특별소득공제

근로소득이 있는 거주자(일용근로자는 제외함)에게 적용되는 보험료공제와 주택자금공제를 특별소득공제라 한다. 이러한 특별소득공제는 해당 거주자가 신청한 경우에 적용하며, 공제액이 그 거주자의 해당 과세기간의 합산과세되는 종합소득금액(종합소득금액 - 원천징수세율 적용 금융소득)을 초과하는 경우 그 초과하는 금액은 없는 것으로 한다.

① 보험료공제

근로소득이 있는 거주자가 해당 과세기간에 「국민건강보험법」, 「고용보험법」 또는 「노인장기요양보험법」에 따라 근로자가 부담하는 보험료를 지급하는 경우 그 금액을 해당 과세기간의 근로소득금액에서 공제한다.

② 주택자금공제

근로소득이 있는 거주자가 해당연도에 주택자금을 지출한 경우에는 다음의 금액을 근로소득금액에서 공제한다. 이러한 주택자금공제는 세대주[1]에 한하여 적용받을 수 있으며, 세대주인지의 여부는 과세기간 종료일 현재의 상황에 의한다.

구 분	공제금액		한 도 액
(1) 청약저축공제[2]	해당연도 저축불입액 × 40%	한도 : 400만원	전체한도 800만원 (단, (3)이 법 소정의 경우[5]에는 2,000만원, 1,800만원, 600만원임)
(2) 주택임차차입금의 원리금상환액 공제[3]	임차자금차입금의 원리금상환액 × 40%		
(3) 장기주택저당차입금의 이자상환공제[4]	해당연도 이자상환액 × 100%		

[1]. 청약저축공제를 제외한 주택자금공제는 세대주가 주택자금공제를 받지 아니하는 경우에는 근로소득이 있는 세대의 구성원이 주택자금공제를 적용받을 수 있다.

2. 청약저축 및 주택청약종합저축공제 : 근로소득이 있는 거주자로서 총급여액이 7천만원 이하이며 해당 과세기간 중 주택을 소유하지 않은 세대의 세대주가 해당 과세기간에 「주택법」에 따른 청약저축·주택청약종합저축에 납입한 금액(연 납입액이 300만원을 초과하는 경우 그 초과금액은 없는 것으로 하고, 주택청약종합저축의 경우 무주택확인서를 제출한 과세기간 이후에 납입한 금액만 해당한다)의 40%를 해당 과세기간의 근로소득금액에서 공제한다. 다만, 과세기간 중에 주택 당첨 외의 사유로 중도해지한 경우에는 해당 과세기간에 납입한 금액은 공제하지 아니한다.

3. 주택임차차입금의 원리금상환액 공제는 국민주택규모 이하의 주택 및 주거용 오피스텔을 임차하는 경우에 적용된다.

4. 장기(상환기간 15년 이상)주택 저당차입금의 이자상환공제 : 근로소득이 있는 거주자로서 주택을 소유하지 아니하거나 1주택을 보유한 세대주가 취득 당시 주택의 기준시가가 6억원 이하인 주택을 취득하기 위하여 그 주택에 저당권을 설정하고 금융회사 등으로부터 차입한 장기주택저당차입금(주택을 취득함으로써 승계받은 장기주택저당차입금을 포함함)의 이자를 지급하였을 때에는 그 이자상환액을 근로소득금액에서 공제한다. 이 경우 다음의 상황에 주의하여야 한다.
   ① 세대 구성원이 보유한 주택을 포함하여 과세기간 종료일 현재 2주택 이상을 보유한 경우에는 적용하지 아니한다.
   ② 세대주에 대해서는 실제 거주 여부와 관계없이 적용하고, 세대주가 아닌 거주자에 대해서는 실제 거주하는 경우만 적용한다.

5. 장기주택저당차입금이 다음의 어느 하나에 해당하는 경우에는 연 800만원 대신 각각 그 해당하는 금액을 공제한도로 한다.
   ① 차입금의 상환기간이 15년 이상인 장기주택저당차입금의 이자를 고정금리 방식으로 지급하고, 그 차입금을 비거치식 분할상환 방식으로 상환하는 경우 : 2,000만원
   ② 차입금의 상환기간이 15년 이상인 장기주택저당차입금의 이자를 고정금리로 지급하거나 그 차입금을 비거치식 분할상환으로 상환하는 경우 : 1,800만원
   ③ 차입금의 상환기간이 10년 이상인 장기주택저당차입금의 이자를 고정금리로 지급하거나 그 차입금을 비거치식 분할상환으로 상환하는 경우 : 600만원

(3) 연금보험료공제와 주택담보노후연금 이자비용공제

① 연금보험료공제

종합소득이 있는 거주자가 공적연금 관련법에 따라 납입하는 기여금 또는 개인부담금(이하 '연금보험료'라 함)을 종합소득금액에서 공제하는데 이를 연금보험료공제라 한다.

* 종합소득공제액이 종합소득금액을 초과하는 경우 그 초과하는 금액을 한도로 연금보험료공제를 받지 아니한 것으로 본다. 즉, 종합소득공제 중에서 연금보험료공제를 제일 나중에 한다는 것이다.

② 주택담보노후연금 이자비용공제

주택담보노후연금 이자비용공제란 주택담보노후연금제도의 활성화를 지원하기 위하여 연금소득이 있는 거주자가 법 소정의 요건에 해당하는 주택담보노후연금을 지급받은 경우에는 그 지급받은 연금에 대하여 해당연도에 발생한 이자상당액을 해당연도 연금소득금액에서 공제해 주는 제도를 말한다.

> 주택담보노후연금 이자비용 공제액* : Min[①, ②]
> ① 해당연도에 발생한 이자상당액
> ② 한도액 : 200만원

* 다음의 요건을 모두 충족한 거주자에 한하여 주택담보노후연금 이자비용공제를 허용한다.
  ① 계약체결일 현재 가입자 또는 그 배우자가 55세 이상일 것
  ② 주택의 기준시가가 12억원 이하일 것
  ③ 「한국주택금융공사법」에 따른 주택담보노후연금보증을 받아 지급받거나 같은 법에 따른 금융기관의 주택담보노후연금일 것

이러한 주택담보노후연금 이자비용공제는 해당 거주자가 신청한 경우에 적용하며, 위 산식에 의한 공제액이 연금소득금액을 초과하는 경우 그 초과금액은 없는 것으로 한다.

(4) 신용카드등 등 사용금액에 대한 소득공제

근로소득이 있는 거주자(일용근로자는 제외)가 법인 또는 개인사업자로부터 2025.12.31.까지 재화나 용역을 제공받고 신용카드 등 사용금액의 연간합계액(국외에서 사용한 금액은 제외)이 해당 과세연도의 총급여액의 25%(이하 '최저사용금액'이라 함)를 초과하는 경우 일정금액을 해당 과세연도의 근로소득금액에서 공제한다.

① 신용카드 등의 범위

㉠ 신용카드를 사용하여 그 대가로 지급하는 금액
㉡ 현금영수증에 기재된 금액
㉢ 직불카드·기명식선불카드·직불전자지급수단·기명식선불전자지급수단·기명식진자화폐를 사용하여 그 대가로 지급하는 금액(이하 '직불카드사용분'이라 함)

② 신용카드사용자의 범위

근로소득이 있는 거주자 및 다음에 해당하는 자의 신용카드사용금액도 공제대상이 된다.
㉠ 거주자의 배우자로서 연간소득금액의 합계액이 100만원 이하인 자(총급여액 500만원 이하의 근로소득만 있는 자를 포함함)
㉡ 거주자와 생계를 같이 하는 직계존비속(배우자의 직계존속과 동거입양자를 포함하되, 다른 거주자의 기본공제를 받은 자는 제외)으로서 연간소득금액의 합계액이 100만원 이하인 자(총급여액 500만원 이하의 근로소득만 있는 자를 포함함)

③ 신용카드 등 사용금액 제외대상

신용카드 등 사용금액이 다음의 어느 하나에 해당하는 경우에는 신용카드 등 사용금액에 포함하지 아니한다.

구 분		공제대상 신용카드 등 사용금액에서 제외되는 것
① 신용카드 등 사용액으로 매출액을 파악할 필요가 없는 것 등	금융기관	• 각종 보험의 보험료(또는 공제료) • 차입금 이자상환액, 증권거래수수료 등 금융·보험용역과 관련한 지급액, 수수료, 보증료 및 이와 비슷한 대가 • 리스료(자동차대여사업의 자동차대여료를 포함) • 가상자산거래(가상자산의 매도·매수·교환 등)에 대하여 가상자산사업자에게 지급하는 대가
	학교 등	• 「유아교육법」, 「초·중등교육법」, 「고등교육법」 또는 특별법에 의한 학교(대학원 포함) 및 「영유아보육법」에 의한 어린이집에 납부하는 수업료·입학금·보육비용 기타 공납금
	국가 등	• 정부 또는 지방자치단체에 납부하는 국세·지방세·전기료·수도료·가스료·전화료(정보사용료·인터넷이용료 등 포함)·아파트관리비·텔레비전 시청료(종합유선방송의 이용료 포함) 및 도로통행료
	기타	• 자동차 구입비(중고자동차를 신용카드 등으로 구입하는 경우에는 그 구입가액의 10%는 신용카드 등 사용액에 포함함) • 「지방세법」에 의하여 취득세 또는 등록에 대한 등록면허세가 부과되는 재산의 구입비용(부동산, 골프장회원권 등) • 상품권 등 유가증권 구입비
② 이중혜택방지		• 사업소득과 관련된 비용 또는 법인의 비용에 해당하는 경우 • 정치자금 세액공제 또는 기부금 세액공제를 적용받은 정당 등에 대한 기부금, 고향사랑기부금(세액공제를 적용받은 경우만 해당) • 월세 세액공제를 적용받은 월세액
③ 제재목적		• 가공거래 : 물품 또는 용역의 거래없이 이를 가장하거나 실제 매출금액을 초과하여 신용카드 등으로 거래를 하는 경우 • 위장거래 : 신용카드 등을 사용하여 대가를 지급하는 자가 다른 신용카드 등 가맹점 명의로 거래가 이루어지는 것을 알고도 신용카드 등에 의한 거래를 하는 경우(상호가 실제와 달리 기재된 매출전표 등을 교부받은 때에는 그 사실을 알고 거래한 것으로 봄) • 외국에서의 신용카드 사용액

* 신용카드 등 사용액의 범위와 관련하여 주의할 점 : 의료비와 법 소정의 사설학원비는 신용카드사용을 촉진하기 위하여 의료비 세액공제와 교육비 세액공제를 받는 경우에도 신용카드 등 사용에 따른 소득공제가 허용된다.

④ 소득공제액의 계산

㉠ 신용카드 등 소득공제액 : Y + Z

구 분	사용금액	최저사용금액*1 (총급여액 × 25%)	초과사용금액*2(A)	공제율(B)	공제액(A × B)
전통시장 사용분	①		①	40%	
대중교통 이용분	②		②	40%	
도서 등 사용분*3	③		③	30%	
현금영수증/직불카드 등*4	④		④	30%	
신용카드 사용분*4	⑤		⑤	15%	
	계 :	총급여액 × 25%	계 :	—	계 : Y
신용카드 등 사용금액 **증가분 추가공제액**	(2024년도 신용카드등 사용금액 연간합계액 − 2023년도 신용카드등 사용금액 연간합계액 × 105%) × 10%				Z

*1. 최저사용금액은 ⑤ 신용카드 사용분, ④ 현금영수증/직불카드 등, ③ 도서 등 사용분, ② 대중교통 이용분, ①전통시장 사용분 의 순서대로 사용한 것으로 보아 계산한다.

2. 초과 사용액은 ① 전통시장 사용분, ② 대중교통 이용분, ③ 도서 등 사용분, ④ 현금영수증/직불카드 등, ⑤ 신용카드 사용분의 순서대로 사용한 것으로 보아 계산한다.

3. 총급여액이 7,000만원 이하인 경우에만 도서 등 사용분에 대한 신용카드 등 사용액 구간을 별도로 적용한다. 여기서 도서 등 사용분이란 다음의 ①과 ②에 해당하는 금액을 말한다.
   ① 도서·신문·공연사용분 : 「출판문화산업 진흥법」에 따른 간행물(같은 법에 따른 유해간행물은 제외함)을 구입하거나 「신문 등 진흥에 관한 법률」에 따른 신물을 구독하거나 「공연법」에 따른 공연을 관람하기 위하여 문화체육관광부장관이 지정하는 법인 또는 사업자에게 지급한 금액
   ② 박물관·미술관*주·영화상영관 사용분
   *주. 박물관·미술관에 입장하기 위해 사용한 금액 : 「박물관 및 미술관 진흥법」에 따른 박물관 및 미술관에 입장하기 위하여 문화체육관광부장관이 지정하는 법인 또는 사업자에게 지급한 금액

4. 전통시장 사용분과 대중교통 이용분, 도서 등 사용분은 제외한 금액이다.

㉡ 한도 : ⓐ 기본한도 + ⓑ 추가한도

해당 과세기간 총급여액	ⓐ 기본공제 한도	ⓑ 추가공제 한도	
7천만원 이하	연간 300만원	Min[㉠, ㉡] ㉠ 전통시장 사용분 × 40% 　+ 대중교통 이용분 × 40% 　+ 도서 등 사용분 × 30% ㉡ 연간 300만원	+Min [신용카드 등 사용금액 **증가분 추가 공제액** / 한도 : 연간 100만원]
7천만원 초과	연간 250만원	Min[㉠, ㉡] ㉠ 전통시장 사용분 × 40% 　+ 대중교통 이용분 × 40% ㉡ 연간 200만원	

> **기본사례**

총급여액 4,000만원인 자가 신용카드 등으로 2,500만원을 사용한 경우
(전년도 신용카드등 사용액은 2,000만원이라고 가정함)

1. 신용카드 등 사용액 분석

① 전통시장 사용분 → ① 400만원 } 400만원 × 40% = 160만원
② 대중교통 사용분 → ② 50만원 } 50만원 × 40% = 20만원
③ 도서·신문·공연·박물관 등 사용분 → ③ 200만원
④ 현금영수증·직불카드 사용분 (위 ①, ②, ③으로 사용된 부분 제외) → ④ 550만원 } 750만원 × 30% = 225만원
⑤ 신용카드 사용분 (위 ①, ②, ③으로 사용된 부분 제외) → ⑤ 1,300만원 } 300만원 × 15% = 45만원
최저사용금액 1,000만원
(총급여액 × 25%)

2. 신용카드소득공제액 : Min[①, ②] = 490만원
    ① 원칙 : (400만원 × 40%) + (50만원 × 40%) + (750만원 × 30%) + (300만원 × 15%)
              + {(2,500만원 - 2,000만원 × 105%) × 10%} = 490만원
    ② 한도 : a + b = 580만원
        a. 기본한도 : 300만원
        b. 추가한도 : ㉠ + ㉡ = 280만원
            ㉠ Min [400만원 × 40% + 50만원 × 40% + 200만원 × 30% = 240만원 ; 300만원] = 240만원
            ㉡ Min [{(2,500만원 - 2,000만원 × 105%) × 10%} = 40만원 ; 100만원] = 40만원

(5) 기타의 조세특례제한법상 소득공제

신용카드 등 사용금액에 대한 소득공제 이외에도 소기업·소상공인 공제부금공제, 장기집합투자증권 저축에 대한 소득공제, 벤처투자조합 출자 등에 대한 소득공제, 우리사주조합에 대한 출자금의 소득공제, 청년형 장기집합투자증권저축에 대한 소득공제 등 여러 가지 조세특례제한법상 소득공제들이 있다.

5 산출세액의 계산

산출세액 = 종합소득과세표준 × 기본세율*

* 기본세율

과 세 표 준		세 율	
	1,400만원 이하		6%
1,400만원 초과	5,000만원 이하	84만원 +	1,400만원 초과분의 15%
5,000만원 초과	8,800만원 이하	624만원 +	5,000만원 초과분의 24%
8,800만원 초과	1억 5천만원 이하	1,536만원 +	8,800만원 초과분의 35%
1억 5천만원 초과	3억원 이하	3,706만원 +	1억 5천만원 초과분의 38%
3억원 초과	5억원 이하	9,406만원 +	3억원 초과분의 40%
5억원 초과	10억원 이하	1억 7천 406만원 +	5억원 초과분의 42%
10억원 초과		3억 8천 406만원 +	10억원 초과분의 45%

6 근로소득자에게 적용되는 세액공제

구 분	종 류	비 고
소 득 세 법	① 근로소득세액공제 ② 자녀세액공제 ③ 연금계좌세액공제 ④ 특별세액공제 : a 와 b 중 선택 　a. 항목별 세액공제 　　• 보험료 세액공제 　　• 의료비 세액공제 　　• 교육비 세액공제 　　• 기부금 세액공제 　b. 표준세액공제(13만원)	 근로소득이 있는 자 - - 10년간 이월공제
조세특례제한법	① 월세 세액공제 ② 정치자금에 대한 세액공제 ③ 고향사랑 기부금 세액공제 ④ 전자신고세액공제 등	성실사업자 및 성실신고대상자도 적용 - - -

(1) 근로소득세액공제

① 일반급여자의 경우

근로소득이 있는 거주자에 대하여는 당해 근로소득에 대한 종합소득산출세액에서 다음의 금액을 공제한다.

근로소득산출세액	세액공제액
(1) 130만원 이하	근로소득산출세액* × 55%
(2) 130만원 초과	세액공제액 : Min[①,②] ① 715,000 + (근로소득산출세액 - 130만원) × 30% ② 한도액 : 총급여액 구간별 한도액(20만원~74만원)

* 근로소득산출세액 = 종합소득산출세액 × $\dfrac{\text{근로소득금액}}{\text{종합소득금액}}$

근로소득산출세액이 130만원 초과하는 경우 근로소득세액공제액은 다음의 구분에 의한 금액을 한도로 한다.

총 급 여 액	근로소득세액공제의 한도
3,300만원 이하	74만원
3,300만원 초과 7,000만원 이하	Max [74만원 - [(총급여액 - 3,300만원) × 0.8%] 66만원]
7,000만원 초과 1억 2천만원 이하	Max [66만원 - [(총급여액 - 7,000만원) × 50%] 50만원]
1억 2천만원 초과	Max [50만원 - [(총급여액 - 1억2천만원) × 50%] 20만원]

② 일용근로자의 경우

일용근로자의 근로소득에 대하여 원천징수를 하는 경우에는 다음의 금액을 그 산출세액에서 공제한다.

$$\text{일용근로자의 근로소득세액공제액} = \text{근로소득산출세액} \times 55\%$$

(2) 자녀세액공제

① 일반공제

종합소득이 있는 거주자의 기본공제대상자에 해당하는 자녀(입양자 및 위탁아동을 포함한다) 및 손자녀로서 8세 이상의 사람에 대해서는 다음의 금액을 종합소득산출세액에서 공제한다.

기본공제대상자인 자녀수	자녀세액공제액
1명	연 15만원
2명	연 35만원
3명 이상	연 35만원 + 연 30만원 × (자녀수 - 2명)

② 출산·입양공제

해당 과세기간에 출산하거나 입양신고한 공제대상자녀가 있는 경우 다음의 금액을 종합소득산출세액에서 공제한다.

출산·입양신고한 공제대상 자녀	공제액
첫째	연 30만원
둘째	연 50만원
셋째 이상	연 70만원

(3) 연금계좌세액공제

종합소득이 있는 거주자가 연금계좌에 납입한 금액이 있는 경우에 다음의 금액을 해당 과세기간의 종합소득산출세액에서 공제한다.

연금계좌세액공제 : {Min[①, ②] + ③} × 12%(15%[*1])

① Min[연금저축계좌 납입액[*2], 600만원[*3]] + 퇴직연금계좌 납입액[*2]

② 900만원

③ 전환금액[*3]이 있는 경우 : Min[전환금액 × 10%, 300만원[*4]]

*1. 해당 과세기간에 종합소득과세표준을 계산할 때 합산하는 종합소득금액이 4,500만원 이하(근로소득만 있는 경우에는 총급여액 5,500만원 이하)인 거주자에 대해서는 연금계좌세액공제율을 15%로 한다.
 2. 연금계좌납입액(연금저축계좌 납입액 + 퇴직연금계좌 납입액)에는 다음의 금액은 제외한다.
   ① 소득세가 원천징수되지 아니한 퇴직소득 등 과세가 이연된 소득
   ② 연금계좌에서 다른 연금계좌로 계약을 이전함으로써 납입되는 금액
 3. 전환금액이란 ISA(개인종합자산관리계좌)의 계약기간이 만료되고 해당 계좌 잔액의 전부 또는 일부를 ISA의 계약기간이 만료되고 계약기간이 만료된 날부터 60일 이내에 연금계좌로 납입하는 경우 그 납입한 금액을 말한다. 이러한 전환금액은 납입한 날이 속하는 과세기간의 연금계좌의 납입액에 포함하며, 전환금액 추가한도는 ISA 만기 잔액을 연금계좌에 전환한 연도만 적용한다.
 4. 직전 과세기간과 해당 과세기간에 걸쳐 납입한 경우에는 300만원에서 직전 과세기간에 적용된 금액을 차감한 금액으로 한다.

(4) 특별세액공제

구 분	특별소득공제 및 특별세액공제 적용방법
(1) 근로소득이 있는자	항목별 세액공제*1 or 표준세액공제(13만원) 중 선택*2
(2) 근로소득이 없는 자*3	
① 사업소득만 있는 자	표준세액공제(7만원)만 적용
② 이외의 자	기부금 세액공제 + 표준세액공제(7만원) 적용

*1. 항목별 세액공제란 보험료 세액공제, 의료비 세액공제, 교육비 세액공제, 기부금 세액공제를 말한다.
2. 근로소득이 있는 자가 표준세액공제(13만원)을 선택하는 경우에는 월세 세액공제와 특별소득공제를 적용받지 못한다.
3. 근로소득이 없는 자가 법 소정의 성실사업자에 해당하면 특별세액공제 적용시 다음의 사항에 주의하여야 한다.
  ① 조세특례제한법에 따른 성실사업자와 성실신고확인대상사업자로서 성실신고확인서를 제출한 자는 의료비 세액공제와 교육비 세액공제를 추가로 받을 수 있다.
  ② 소득세법에 따른 성실사업자는 의료비·교육비 세액공제를 신청하지 않은 경우 12만원의 표준세액공제를 적용한다.

 참고

성실사업자의 요건

의료비·교육비·월세 세액공제 대상 성실사업자요건(조특법 122의 3)	표준세액공제(12만원)적용대상 성실사업자 요건 (소득령 118의 8)
우측의 소득세법에 따른 성실사업자로서 다음의 요건을 모두 갖춘 자 ① 해당 과세기간의 수입금액으로 신고한 금액이 직전 3개 과세기간의 연평균수입금액(과세기간이 3개 과세기간에 미달하는 경우에는 사업의 개시일이 속하는 과세기간과 직전 과세기간의 연평균수입금액을 말함)의 50%를 초과 신고할 것. ② 해당 과세기간 개시일 현재 2년 이상 계속하여 사업을 영위할 것 ③ 국세체납사실, 조세범처벌사실, 세금계산서 등의 발급 및 수령의무 위반, 소득금액 누락사실 등을 고려하여 대통령령으로 정하는 요건을 충족할 것	① 신용카드 및 현금영수증 가맹점으로 가입한 사업자나 전사적기업자원관리설비(ERP) 또는 판매시점정보관리시스템설비(POS)도입 사업자. 단, 신용카드매출전표 및 현금영수증 발급을 거부하거나 사실과 다르게 발급한 사실이 있는 사업자는 제외 ② 장부를 비치·기장(간편장부 포함)하고, 그에 따라 소득금액을 계산하여 신고할 것. 단, 추계조사결정이 있는 경우 해당 과세기간을 제외함 ③ 사업용계좌를 개설·신고하고, 해당 과세기간에 사업용계좌를 사용하여야 할 금액의 2/3 이상을 사용할 것

* 의료비·교육비 세액공제를 적용받은 사업자가 다음 중 어느 하나에 해당하는 경우에는 해당 공제받은 금액에 상당하는 세액을 전액 추징한다. 단, 추징하는 금액이 사업소득금액을 초과하는 경우에는 그 초과금은 없는 것으로 하며, 세액이 추징된 사업자는 추징일이 속하는 다음 과세기간부터 3개 과세기간 동안 의료비·교육비 세액공제를 적용하지 아니한다.
1. 해당 과세기간에 대한 과소신고한 수입금액이 경정(수정신고 포함)된 수입금액의 20% 이상인 경우
2. 해당 과세기간에 대한 사업소득금액 계산시 과대계상한 필요경비가 경정(수정신고 포함)된 필요경비의 20% 이상인 경우

▶ 소득세법상 성실사업자 : A + B

- A : 조세특례제한법상 성실사업자
- B : A외의 소득세법상 성실사업자

소득세법상 성실사업자(A+B)는 표준세액공제(7만원) 대신에 다음을 적용받을 수 있다.
- A : 의료비·교육비·월세세액공제 또는 표준세액공제(12만원)
- B : 표준세액공제(12만원)

- 사업소득만 有 : 표준세액공제(7만원)
- 이외 경우 : 기부금세액공제 + 표준세액공제(7만원)

1) 보험료 세액공제

근로소득이 있는 거주자가 다음에 해당하는 보장성보험의 보험료를 지급한 경우 다음의 금액을 종합소득산출세액에서 공제한다.

보험료 세액공제액 = (① × 15%) + (② × 12%)
① 장애인전용 보장성보험료 : Min[보험료 지급액, 연 100만원]
② 일반 보장성보험료   : Min[보험료 지급액, 연 100만원]

*1. 장애인전용 보장성보험료 : 기본공제대상자 중 장애인을 피보험자 또는 수익자로 하는 보험료
 2. 일반 보장성 보험료 : 기본공제대상자를 피보험자로 하는 법 소정의 보장성보험료(위 ①에 따른 장애인전용 보장성보험료는 제외함)

2) 의료비 세액공제

근로소득이 있는 거주자가 기본공제대상자(나이 및 소득의 제한을 받지 않음)를 위하여 법 소정의 의료비(실손의료보험금을 지급받는 경우 그 실손의료보험금은 제외함)를 지급한 경우 다음의 금액을 종합소득산출세액에서 공제한다.

의료비 세액공제액 = ① × 30% + ② × 20% + (③ + ④) × 15%
① 난임시술비[*1]
② 미숙아 및 선천성 이상아를 위하여 지급한 의료비
③ 본인·과세기간 개시일 현재 6세 이하인 사람·과세기간 종료일 현재 65세 이상인 사람
  ·장애인 및 중증질환자 등을 위한 의료비
④ Min[①, ②, ③ 이외의 의료비 − 총급여[*2] × 3%, 700만원]

*1. 난임시술비 : 난임부부가 임신을 위해 지출하는 보조생식술(체내·체외인공수정 포함)시 소요된 비용
 2. 성실사업자의 경우 사업소득금액으로 한다.
 3. ④의 금액이 부(−)인 경우에는 의료비 세액공제액 계산시 ③의 금액에서 뺀다.
 4. ①,② 이외의 의료비 합계액이 총급여액의 3%에 미달하는 경우에는 그 미달하는 금액을 ②에서 뺀다.
 5. ① 이외의 의료비 합계액이 총급여액의 3%에 미달하는 경우에는 그 미달하는 금액을 ①에서 뺀다.

6. 공제대상 의료비의 범위

공제대상 의료비 포함	공제대상 의료비 제외
① 진찰·진료·질병예방을 위하여 의료법 제3조의 규정에 의한 의료기관에 지급하는 비용 ② 치료·요양을 위하여 약사법 제2소의 규정에 의한 의약품(한약 포함)을 구입하고 지급하는 비용 ③ 장애인 보장구 및 의사·치과의사·한의사 등의 처방에 따라 의료용구를 직접 구입 또는 임차하기 위하여 지출한 비용 ④ 시력보정용 안경·콘택트렌즈 구입을 위하여 지출한 비용으로서 기본공제대상자(나이 및 소득금액의 제한을 받지 않음) 1인당 연 50만원 이내의 금액 ⑤ 보청기 구입을 위하여 지출한 비용 ⑥ 「노인장기요양보험법」에 따라 따라 장기요양급여에 대한 비용으로서 실제 지출한 본인부담금 ⑦ 「장애인활동 지원에 관한 법률」에 따른 활동지원급여에 대한 비용으로서 실제 지출한 본인부담금 ⑧ 「모자보건법」에 따라 산후조리원에 산후조리 및 요양의 대가로 지급하는 비용으로서 출산 1회당 200만원 이내의 금액	① 해외 의료기관에 지출한 비용 ② 미용·성형수술을 위한 비용 ③ 건강증진을 위한 의약품 구입비용

7. 성실사업자 등의 경우에도 근로소득자와 동일한 공제율로 의료비 세액공제를 적용한다. 단, ④ 계산시 '총급여액 × 3%'는 '사업소득금액 × 3%'로 한다.

3) 교육비 세액공제

근로소득이 있는 거주자가 그 거주자와 기본공제대상자를 위하여 법 소정의 교육비를 지급한 경우 다음의 세액공제대상 교육비(한도 내 금액만 해당됨)금액의 15%에 해당하는 금액을 종합소득산출세액에서 공제한다.

구 분	세액공제대상 교육비	교육비 지출액 한도
본인교육비	근로소득자 본인(대학원 및 고등교육법에 따른 시간제 과정 포함)을 위하여 지출한 교육비	없음
부양가족 교육비	다음의 기본공제대상자(나이의 제한은 받지 않지만 소득금액의 제한은 받으며 대학원생은 제외)를 위하여 지출한 교육비 ① 배우자 ② 직계비속 ③ 형제자매 ④ 입양자 및 위탁아동 *직계존속의 교육비는 공제대상이 아님	① 대학생 : 1인당 900만원 ② 초·중·고등학생, 영유아·취학전 아동 및 유치원아 : 1인당 300만원
장애인특수 교육비	기본공제대상자인 장애인(나이 및 소득금액의 제한은 없음)을 위하여 다음의 법인(기관) 등에 지출한 특수교육비 ① 「사회복지사업법」에 따른 사회복지시설 및 「민법」에 따라 설립된 비영리법인으로서 보건복지부장관이 장애인 교육기관으로 인정한 법인 ② 장애인의 기능향상과 행동발달재활서비스를 제공하는 「장애인복지지원법」에 따라 지방 자치단체가 지정한 기관 ③ 위 ①과 유사한 것으로 외국에 있는 시설·법인	없음

*1. 부양가족교육비의 범위
   ① 영유아·취학전 아동의 학원비(체육시설에 대한 비용을 포함하며, 법정요건 충족해야함)
   ② 「유아교육법」, 「영유아보육법」, 「초·중등교육법」 및 「고등교육법」 및 특별법에 의하여 설립된 학교(유치원, 어린이집 포함), 고등학교 졸업 이하 학력인정 평생교육시설·전공대학·원격대학, 학위 취득과정·국외교육기관(교육비를 지급하는 거주자가 국내에서 근무하는 경우 해당 과세기간 종료일 현재 대한민국 국적을 가진 거주자가 교육비를 지급한 학생만 해당)에 지급한 교육비

   위 ①, ②의 공제대상이 되는 교육비는 다음과 같다.
   a. 학교 또는 보육시설 등에 지급한 수업료·입학금·보육비용 및 그 밖의 공납금
   b. 급식을 실시하는 학교, 유치원, 어린이집 등에 지급한 급식비
   c. 학교에서 구입한 교과서대(초·중·고등학생만 해당)
   d. 교복구입비(중·고등학생만 해당하며, 1인당 50만원을 한도로 함)
   e. 학교, 유치원, 어린이집 등에서 실시하는 방과후학교 수업료 및 특별활동비(학교 등에서 구입한 도서구입비와 학교 외에서 구입한 초·중·고등학교의 방과후 학교 수업용 도서의 구입비를 포함함)
   f. 학교가 교육과정으로 실시하는 현장체험학습에 지출한 비용(초·중·고등학교의 학생만 해당하며, 학생 1명당 연 30만원을 한도로 함)
   g. 대학수학능력시험 응시를 위하여 지급한 교육비 및 대학입학전형료

   ③ 부양가족을 위하여 지급한 교육비에는 대학원에 지급하거나 부양가족이 법 소정의 학자금 대출을 받아 지급하는 교육비는 제외한다.

2. 본인교육비의 범위
   ① 위 1. 부양가족교육비의 범위 ②에 해당하는 교육비
   ② 대학 또는 대학원의 1학기 이상에 해당하는 교육과정과 시간제과정에 지급하는 교육비
   ③ 「근로자직업능력 개발법」의 규정에 의한 직업능력개발훈련시설에서 실시하는 직업능력개발훈련을 위하여 지급한 수강료. 단, 직업능력 개발훈련을 위하여 지급한 수강료 중 고용보험법령에 의해 지급되는 근로자 수강지원금을 받는 경우에는 이를 차감한 금액으로 한다.
   ④ 법 소정의 학자금 대출의 원리금 상환에 지출한 교육비(단, 학자금 대출의 원리금 상환 연체로 인하여 추가로 지급하는 금액, 학자금 대출의 원리금 중 감면 받거나 면제받은 금액, 학자금 대출 중 생활비 대출에 대한 원리금 상환액은 제외)

3. 장애인에 대해서는 부양가족교육비와 장애인특수교육비는 중복적용할 수 있다.

4. 소득세 또는 증여세가 비과세되는 다음의 장학금 또는 학자금에 해당하는 교육비는 공제하지 않는다.
   ① 「근로복지기본법」에 따른 사내근로복지기금으로부터 받은 장학금 등
   ② 재학중인 학교로부터 받은 장학금 등
   ③ 근로자인 학생이 직장으로부터 받은 장학금 등
   ④ 국외공무원에게 지급되는 자녀 등에 대한 장학금 등
   ⑤ 그 밖에 각종 단체로부터 받은 장학금 등

 참고

보험료·의료비·교육비 세액공제의 특례

① 보험료·의료비·교육비 세액공제의 합계액이 해당 과세기간의 근로소득에 대한 산출세액을 초과하는 경우 그 초과하는 금액은 없는 것으로 한다.
② 보험료·의료비·교육비 세액공제를 적용함에 있어서 과세연도 종료일 이전에 혼인·이혼·별거·취업 등의 사유로 인하여 기본공제대상자에 해당되지 아니하게 되는 종전의 배우자·부양가족·장애인 또는 과세기간 종료일 현재 65세 이상인 자를 위하여 이미 지급한 금액이 있는 경우에는 해당 사유가 발생한 날까지 지급한 금액에 해당 세액공제율을 곱한 금액을 종합소득산출세액에서 공제한다.

4) 기부금 세액공제

거주자(사업소득만 있는 자는 제외하되, 연말정산대상 사업소득만 있는 자는 포함함)가 해당 과세기간에 지급한 기부금이 있는 경우 세액공제대상 기부금 금액의 15%(해당 금액이 1천만원을 초과하는 경우 그 초과분에 대해서는 30%, 3천만원을 초과하는 경우 그 초과분에 대해서는 40%)에 해당하는 금액을 종합소득산출세액에서 공제한다. 이러한 기부금은 본인이 지출한 기부금 뿐만 아니라 배우자 및 부양가족이 지출한 기부금도 공제를 받을 수 있다.

기부금은 특례기부금·일반기부금·비지정기부금으로 구분되는데, 특례기부금은 소득금액에서 전액 공제되고, 일반기부금은 소득금액의 일정 한도 이내에서 공제할 수 있다. 그러나 비지정기부금은 공제대상이 아니다. 각 종류별 기부금의 내용 및 한도는 다음과 같다.

① 특례기부금
   ㉠ 국가 또는 지방자치단체에 대한 기부금
   ㉡ 국방헌금과 국군장병 위문금품
   ㉢ 천재지변으로 생기는 이재민을 위한 기부금
   ㉣ 사립학교 등에 시설비·교육비·연구비·장학금으로 지출하는 기부금
   ㉤ 특정기관(국가, 대학, 대한적십자사 등)이 운영하는 병원에 시설비·교육비·연구비로 지출하는 기부금
   ㉥ 특별재난지역을 복구하기 위한 자원봉사용역의 가액(봉사일수 × 5만원)

② 일반기부금 : 사회복지, 문화, 예술, 교육, 종교, 자산, 학술 등 공익성을 고려하여 지정·고시한 기부금으로 다음과 같은 것이 있다.
   ㉠ 병원, 종교단체, 사회복지법인 등의 고유목적사업비로 지출하는 기부금
   ㉡ 학교의 장이 추천하는 개인에게 교육비·연구비·장학금으로 지출하는 기부금
   ㉢ 무료 또는 실비로 이용할 수 있는 사회복지기관이나 시설에 대한 기부금
   ㉣ 노동조합비·공무원직장협의회·교원단체에 납부하는 조합비 및 회비
   ㉤ 사회환원기부신탁 등

③ 일반기부금 한도
   ㉠ 종교단체기부금이 없는 경우

   $\underline{(근로소득금액 - 특례기부금 등)} \times 30\%$
   $\qquad\qquad Ⓐ$

   ㉡ 종교단체기부금이 있는 경우

   Ⓐ × 10% + Min[종교단체 외 일반기부금, Ⓐ × 20%]

(5) 조세특례제한법상 세액공제

① 월세 세액공제

과세기간 종료일 현재 주택을 소유하지 아니한 세대주[세대주가 월세 세액공제 및 주택자금공제(청약저축공제제외)를 받지 아니하는 경우에는 세대의 구성원을 말하며, 대통령령으로 정하는 외국인을 포함함]로서 해당 과세기간의 총급여액이 8천만원 이하인 근로소득이 있는 자(해당 과세기간에 종합소득과세표준을 계산할 때 합산하는 종합소득금액이 7천만원을 초과하는 사람은 제외)가 월세액을 지급하는 경우 월세 세액공제액을 해당 과세기간의 종합소득산출세액에서 공제한다.

$$월세\ 세액공제액 = Min[월세액^{*1}, 1,000만원] \times 15\%(17\%^{*2})$$

*1. 월세액 = 임차기간 중 지급하는 월세액 합계액 × $\dfrac{해당과세기간의\ 임차일수}{임대차계약기간일수}$

2. 해당 과세기간의 총급여액이 5,500만원 이하인 근로소득이 있는 근로자(종합소득금액이 4,500만원 초과하는 사람 제외)의 경우에는 17%로 한다.
3. 월세 세액공제는 거주자가 신청한 경우에 적용한다
4. 월세액은 오피스텔 및 고시원업의 시설을 임차하기 위해 지급하는 월세액을 포함하며, 국민주택규모의 주택이거나 기준시가 4억원 이하의 주택 등 법 소정의 요건을 충족한 주택의 월세액을 말한다.
5. 성실사업자 등에 대한 월세 세액공제 : 종합소득금액이 7천만원 이하인 성실사업자 또는 성실신고확인대상사업자로서 성실신고확인서를 제출한 자가 월세액을 지급하는 경우에도 근로소득자와 마찬가지로 월세 세액공제를 받을 수 있다. 이 경우 세액공제율은 15%로 하되, 종합소득금액이 4,500만원 이하인 경우에는 17%로 한다.

② 정치자금세액공제 및 고향사랑 기부금 세액공제

정치자금	처리방법
각각 10만원 이하 금액	그 기부금액의 100/110을 종합소득산출세액에서 공제함
각각 10만원 초과 금액	① 사업자 : 기준소득금액에서 이월결손금을 뺀 후의 금액을 한도로 필요경비에 산입함 ② 사업자 이외 : 해당 금액의 15%(해당 금액이 3천만원을 초과하는 경우 그 초과분에 대해서는 25%)를 종합소득산출세액에서 공제함

고향사랑기부금	처리방법
각각 10만원 이하 금액	그 기부금액의 100/110을 종합소득산출세액에서 공제함
각각 10만원 초과 금액	① 사업자 : 기준소득금액에서 이월결손금을 뺀 후의 금액을 한도로 필요경비에 산입함 ② 사업자 이외 : 해당 금액의 15%를 종합소득산출세액에서 공제함

③ 전자신고세액공제

납세자가 직접 전자신고방법에 의하여 종합소득세 과세표준 신고를 하는 경우 2만원(연말정산대상 근로소득만 있는 등의 과세표준 확정신고 면제자가 과세표준 확정신고를 하는 경우에는 Min[1만원, 추가납부(환급)세액]을 말함)을 세액공제한다.

사례 01 종합소득 결정세액

다음 자료를 이용하여 (주)부경에서 근무하는 박지성씨(남성, 45세)의 2024년 귀속 종합소득 결정세액을 계산하시오.

(1) 박지성씨의 총급여액은 ₩80,000,000이며, 다른 소득은 없다고 가정한다.
(2) 박지성씨와 생계를 같이하는 부양가족현황은 다음과 같다.

관 계	연 령	비 고
배우자	43세	
장녀	21세	장애인이며 양도소득금액 ₩1,200,000이 있음
차녀	15세	
장남	10세	

*부친(70세, 소득없음)과 모친(68세, 소득없음)은 주거형편상의 이유로 별거하고 있다.

(3) 보험료 지급내역은 다음과 같다.

국민연금보험료	₩2,000,000
국민건강보험료, 고용보험료 중 본인부담분	1,500,000
자동차보험료(보험기간 2024.7.1~2025.6.30)	800,000
장녀를 피보험자로 하는 장애인전용보장성보험	1,200,000
계	₩5,500,000

(4) 의료비 지급내역은 다음과 같다.

본인의 정밀건강진단비	₩1,500,000
부친의 질병치료비	3,000,000
장녀의 시력교정용 콘택트렌즈 구입비	700,000
차녀의 입원치료비	5,000,000
계	₩10,200,000

(5) 교육비 지급내역은 다음과 같다.

본인의 야간대학원등록금	₩12,000,000
모친의 노인대학등록금	1,000,000
장녀의 대학교등록금	8,000,000
장녀의 장애인재활교육비	3,000,000
장남의 유치원비	2,500,000
계	₩26,500,000

<추가자료>
(1) 누진세율

과세표준		세율
	1,400만원 이하	과세표준×6%
1,400만원 초과	5,000만원 이하	84만원 + 1,400만원 초과분의 15%
5,000만원 초과	8,800만원 이하	624만원 + 5,000만원 초과분의 24%
8,800만원 초과	1억 5천만원 이하	1,536만원 + 8,800만원 초과분의 35%
1억 5천만원 초과	3억원 이하	3,706만원 + 1억 5천만원 초과분의 38%
3억원 초과	5억원 이하	9,406만원 + 3억원 초과분의 40%
5억원 초과	10억원 이하	1억 7천 406만원 + 5억원 초과분의 42%
10억원 초과		3억 8천 406만원 + 10억원 초과분의 45%

(2) 근로소득공제

총급여액		근로소득공제액
	500만원 이하	총급여액 × 70%
500만원 초과	1,500만원 이하	350만원 + (총급여액 - 500만원) × 40%
1,500만원 초과	4,500만원 이하	750만원 + (총급여액 - 1,500만원) × 15%
4,500만원 초과	1억원 이하	1,200만원 + (총급여액 - 4,500만원) × 5%
1억원 초과		1,475만원 + (총급여액 - 1억원) × 2%

해설 (1) 근로소득금액 : ₩66,250,000

　① 총급여액 : ₩80,000,000

　② 근로소득공제 : ₩12,000,000 + (₩80,000,000 - ₩45,000,000) × 5% = ₩13,750,000

(2) 종합소득공제 : ₩13,500,000

　① 인적공제

기본공제 : ₩1,500,000 × 6명 =		₩9,000,000
추가공제 : ₩1,000,000(경로우대공제 - 부친) =		1,000,000
계		₩10,000,000

　　*1. 기본공제대상자는 본인, 배우자, 차녀, 장남, 부친, 모친이다.
　　 2. 장녀는 소득금액이 100만원을 초과하여 기본공제대상자가 아니므로 장애인추가공제를 적용받을 수 없다.
　　 3. 모친은 70세 미만이므로 경로우대공제대상자가 아니며 부친은 70세 이상이므로 ₩1,000,000의 경로우대공제를 적용한다.

　② 연금보험료공제 : ₩2,000,000
　③ 특별소득공제(보험료공제) : ₩1,500,000

(3) 종합소득 과세표준 : (1) - (2) = ₩52,750,000

(4) 종합소득 산출세액 : ₩6,240,000 + (₩52,750,000 - ₩50,000,000) × 24% = ₩6,900,000

(5) 세액공제 : ₩4,711,000

① 근로소득세액공제 : Min[a, b] = ₩500,000
   a. ₩715,000 + (₩6,900,000 - ₩1,300,000) × 30% = ₩2,395,000
   b. 한도 : Max[₩660,000 - (₩80,000,000 - ₩70,000,000) × 50%, ₩500,000] = ₩500,000

② 사녀세액공제 : ₩350,000(기본공제대상자인 8세이상 자녀가 2명이므로)

③ 특별세액공제 중 보험료세액공제 : (a × 12%) + (b × 15%) = ₩96,000
   a. 일반보장성 보험료 : Min[₩800,000, 한도 ₩1,000,000] = ₩800,000
   b. 장애인전용보장성보험료 : 0
   *1. 장녀는 기본공제대상자가 아니므로 장애인전용보장성보험 공제대상이 아니다.
    2. 보험료는 지출한 연도에 소득공제를 적용하므로 선급분을 차감하지 아니한다.

④ 특별세액공제 중 의료비세액공제 : (a + b) × 15% = ₩1,140,000
   a. 특정의료비 : ₩1,500,000 + ₩3,000,000 + ₩500,000(콘택트렌즈) = ₩5,000,000
   b. 기타의료비 : Min[₩5,000,000 - ₩80,000,000 × 3%, 한도 ₩7,000,000] = ₩2,600,000
      * 의료비세액공제는 나이요건과 소득금액요건을 불문하므로 장녀에 대한 의료비도 공제대상이 된다. 또한, 콘택트렌즈구입비는 1인당 50만원 한도액에서 의료비에 포함된다.

⑤ 특별세액공제 중 교육비세액공제 : (a + b + c) × 15% = ₩2,625,000
   a. 본인교육비 : ₩12,000,000
   b. 부양가족교육비(장남) : Min[₩2,500,000, 한도 ₩3,000,000] = ₩2,500,000
   c. 장애인특수교육비(장녀) : ₩3,000,000
      *1. 직계존속은 교육비공제적용대상이 아니다.
       2. 장애인에 대해서는 부양가족교육비와 장애인특수교육비공제를 중복적용할 수 있으나 장녀의 경우 소득금액의 제한으로 부양가족교육비는 적용받을 수 없다.

(6) 종합소득 결정세액 : (4) - (5) = ₩2,189,000

02 자동차 관련 세금

1 자동차를 취득할 때 부담하는 세금

자동차를 취득하면 취득세를 납부해야 하는데, 자동차 취득시 세율은 자동차의 종류 및 사용용도에 따라 다양하다.

일반적인 10인승 이하의 비영업용 승용자동차(경차 제외)의 경우에는 취득가액의 7%를 취득세로 하고, 경차의 경우에는 취득가액의 4%를 취득세로 하여 취득일부터 60일 이내에 관할 지방자치단체에 신고납부하여야 한다.(2024년 12월 31일까지 전기차는 최대 140만원, 하이브리드차는 최대 40만원 감면혜택 있음)

그러나 일반적으로는 자동차 딜러가 소정의 수수료를 받고 자동차 취득세의 신고납부를 대행해 주기 때문에 일반인들은 자동차 취득세가 얼마만큼 납부되는지 잘 알지 못하는 경우가 많다.

또한, 자동차의 구입가격에는 개별소비세(경차는 제외하며, 물품가격의 5%임)와 개별소비세액의 30%에 해당하는 교육세 및 물품가격에 개별소비세와 교육세를 합한 금액의 10%에 해당하는 부가가치세가 포함되어 있다.

> **참고**
>
> **비영업용 승용자동차**
> 1. '비영업용'이란 「여객자동차 운수사업법」 또는 「화물자동차 운수사업법」에 따라 면허(또는 등록)를 받거나 「건설기계관리법」에 따라 건설기계대여업의 등록을 하고 일반의 수요에 제공하는 것 이외의 용도에 제공하거나 국가 또는 지방자치단체가 공용으로 제공하는 것을 말한다. 단, 시험·연구의 목적으로 운행하는 차량 및 자동차운전학원용 차량은 제외한다. 즉, 운수업이나 자동차임대의 목적이 아닌 일반인들의 일반적인 자동차를 말한다.
> 2. '승용자동차'란 「자동차관리법」 제3조에 따른 승용자동차(10인 이하를 운송하기에 적합하게 제작된 자동차)를 말한다.

> **참고**
>
> **경차(경형 자동차)**
> 배기량이 1,000cc 미만이고, 길이 3.6m · 너비 1.6m · 높이 2.0m 이하인 자동차를 말한다.

재미있는 세금 이야기

친환경차 개별소비세 감면

2022년 세법 개정으로 친환경차의 개별소비세(물품가격의 5%) 금액을 일정금액을 한도로 하여 감면을 해주는 혜택이 2024년 12월 31일까지 연장되었다.

개별소비세의 최대한도는 하이브리드차 1대당 최대 100만원, 전기차 1대당 최대 300만원, 수소차 1대당 최대 400만원이다.

개별소비세액의 30%가 교육세로 과세되고, 개별소비세와 교육세를 합한 금액의 10%가 부가가치세로 과세되므로, 전기차의 경우에는 최대 429만원(개별소비세 300만원 + 교육세 90만원+부가가치세 39만원)의 감면 혜택을 받을 수 있다.

2 자동차를 보유하고 있을 때 세금

(1) 자동차 소유에 대한 자동차세

자동차를 보유하고 있는 경우에는 자동차 소유에 대한 자동차세와 그 자동차세액의 30%로 부가되는 지방교육세를 납부고지서의 납부기한 내에 납부하여야 한다. 자동차 소유에 대한 자동차세는 다음과 같다.

① 원칙

자동차 소유에 대한 자동차세는 차량의 종류, 배기량, 차령 등을 고려한 1대당 연세액(전기차, 수소전기차의 자동차세는 배기량과 차령과는 무관하게 무조건 100,000원)을 50%씩 나눠서 다음 각 기간 내에 그 납기가 있는 달의 1일 현재의 자동차 소유자로부터 자동차 소재지를 관할하는 지방자치단체에서 납부고지서로 징수한다.

구 분	과세기간	납 기	과세기준일
제1기분	1월 ~ 6월	6. 16 ~ 6. 30	6월 1일
제2기분	7월 ~ 12월	12. 16 ~ 12. 31	12월 1일

② 연세액의 25%씩 분할납부

납세의무자가 연세액의 25%의 금액으로 분할하여 납부하려고 신청한 경우에는 다음의 기간 중에 관할 지방자치단체장이 각각 분할하여 납부고지서로서 징수할 수 있다. 이 경우 관할 지방자치단체장이 6월과 12월에 징수할 세액은 이미 분할하여 징수한 세액을 공제한 금액으로 한다.

구 분	납 기
제1기분 세액의 50%(연세액의 25%)	3. 16 ~ 3. 31
제2기분 세액의 50%(연세액의 25%)	9. 16 ~ 9. 30

③ 일시납부(신고납부)

납세의무자가 연세액을 일시에 납부하고자 하는 경우에는 위의 규정에 불구하고 다음의 기간 중에 연세액(한꺼번에 납부하는 납부기한 이후의 기간에 해당하는 세액을 말한다)에서 다음의 금액을 공제한 금액을 신고납부할 수 있다.

신고납부시기	납부해야 할 세액	공 제 액			
		~2022년	2023년	2024년	2025년~
1. 16 ~ 1. 31	연세액	연세액의 9.15%	6.4%	4.575%	2.748%
3. 16 ~ 3. 31	연세액	연세액의 7.5%	5.25%	3.75%	2.26%
6. 16 ~ 6. 30	연세액	연세액의 5%	3.5%	2.5%	1.5%
9. 16 ~ 9. 30	연세액의 50%	연세액의 2.5%	1.75%	1.25%	0.756%

재미있는 세금 이야기

전기차의 자동차세

전기차(수소차 포함)의 자동차세는 배기량이나 차령과는 무관하게 연세액이 무조건 100,000원이고 자동차세의 30%(30,000원)를 지방교육세로 한다. 따라서 1년에 납부해야하는 자동차세와 지방교육세는 총 130,000원인데, 이 금액을 6월과 12월에 각각 65,000원씩 납부고지서에 따라 납부하게 되어 있다.

그러나 자동차세의 연세액(100,000원)을 1월 31일까지 일시에 납부하는 경우에는 연세액의 9.15%를 공제해 준다. 따라서 자동차세는 90,850원이 되고, 지방교육세는 90,850원의 30%인 27,250원(원단위 절사)이 되므로 연세액을 1월 31일까지 일시에 납부하는 경우 자동차세와 지방교육세를 합한 최종 합계 세액은 118,100원이다.

(2) 자동차를 주행하는 때 부담하는 세금

자동차를 주행할 때 사용하는 휘발유와 경유에는 리터당 일정금액{휘발유 : 리터당 529원(2024년 4월 30일까지는 리터당 396.7원), 경유 : 리터당 375원(2024년 4월 30일까지는 리터당 238원)}의 교통·에너지·환경세가 부과된다. 또한 교통·에너지·환경세액에 26%를 곱한 금액을 자동차 주행에 대한 자동차세로, 교통·에너지·환경세액에 15%를 곱한 금액을 교육세로 추가로 부과한다.

이렇게 휘발유나 경유 등에 과세되는 교통·에너지·환경세와 자동차 주행에 대한 자동차세 및 교육세는 일반 국민이 세금을 직접 납부하는 것이 아니라 휘발유 등을 제조·반출하는 자가 교통·에너지·환경세와 자동차 주행에 대한 자동차세 및 교육세를 각 관할관청에 납부하고 휘발유·경유 등의 가격에 납부한 세금을 포함시켜 구입자에게 세금을 전가시킨다.

위와 같이 휘발유나 경유를 구입하는 자는 휘발유 등을 구입할 때 교통·에너지·환경세 등을 부담하지만 직접 관할관청에 납부하지는 않기 때문에 교통·에너지·환경세와 자동차 주행에 대한 자동차세 등은 간접세에 해당한다.

또한, 휘발유나 경유 등의 가격에는 공급가액의 10%에 해당하는 부가가치세가 포함되어 있기 때문에 휘발유 등을 구입하는 경우에는 상당히 많은 세금을 간접적으로 납부하고 있는 셈이다.

재미있는 세금 이야기

휘발유 가격에 포함된 유류세 인하 예정

유류세는 휘발유나 경유가격에 붙어있는 모든 세금(교통·에너지·환경세와 그에 부가되는 자동차주행세, 교육세, 부가가치세)을 말하는데, 이는 법률상 용어가 아닌 일반인들이 통상적으로 사용하는 용어이다.

교통·에너지·환경세의 세율은 국민경제의 효율적 운용을 위하여 교통시설의 확충과 대중교통 육성 사업, 에너지 및 자원 관련 사업, 환경의 보전·개선사업 및 유가 변동에 따른 지원 사업에 필요한 재원의 조달과 해당 물품의 수급상 필요한 경우에는 대통령령으로 법에서 정한 세율의 30% 범위에서 조정할 수 있는 탄력세율 구조로 되어있다.(실제 법에서 정한 휘발유와 경유의 세율은 리터당 475원과 340원인데, 대통령령으로 조정하여 휘발유와 경유의 세율이 리터당 529원과 375원으로 되어 있는 상황이다.)

최근 여러 국제정세로 인한 유가급등으로 2022년 6월 30일에 교통·에너지·환경세의 세율을 대통령령의 최대 조정 한도인 30%를 차감한 세율로 인하하여, 2022년 12월 31일까지 시행하기로 하였다.(휘발류의 경우 법에서 정한 세율인 리터당 475원의 30%를 차감하여 리터당 332.5원, 경유의 경우 340원의 30%를 차감하여 리터당 238원)

그러나 여전히 국제정세 등으로 인한 유가급등의 여파가 지속되고 있기에 교통·에너지·환경세의 인하 조치를 2024년 4월 30까지 연장하기로 하였다.(단, 휘발유의 인하폭을 축소하여 리터당 396.7원으로 개정되었다.)

재미있는 세금 이야기

유류세를 포함한 휘발유 가격

구 분	금 액
휘발유 제조원가	435.23(원유가 : 349)
수입부과금	16.00
관세	10.48(원유가의 3%)
정유사 마진	110.64
유통 마진	111.26
교통세	529.00
주행세	137.54(교통세의 26%)
교육세	79.35(교통세의 15%)
부가가치세	142.95(위 모든 금액합계액의 10%)
휘발유 판매가격	1,572.45

3 자동차를 처분하면 세금을 내야하나?

개인이 자동차를 처분하는 때는 과세문제가 발생하지 않는다. 다만, 복식부기의무자인 개인사업자의 경우에는 처분이익(매각금액 - 장부가액)을 사업소득으로 하여 소득세가 과세한다.

03 주식투자 관련 세금

1 주식을 취득하는 때

주식을 취득하는 경우에 일반 투자자들은 어떠한 과세문제도 발생하지 않는다.

그러나 비상장법인·코스닥상장법인의 주식을 취득하여 과점주주[1])가 된 경우에는 주식을 취득한 날부터 60일 이내에 관할 지방자치단체에 취득세를 신고·납부하여야 한다. 또한, 과점주주로서 주식취득에 대한 취득세를 납부하게 되면 그 취득세액의 10%에 해당하는 농어촌특별세도 함께 납부하여야 한다.

과점주주는 법인이 보유하는 부동산 등 취득세 과세대상 물건을 직접 취득한 것은 아니지만, 법인주식의 과반수를 넘게 취득함으로써 지배권을 갖게 되면 사실상 부동산 등을 취득한 것과 다름이 없다고 간주되기 때문에 과점주주에 대해서 취득세 납세의무가 부여되는 것이다.

2 주식을 보유하는 때

주식을 보유하는 때에는 주식보유로 인하여 주식발행회사로부터 배당을 받을 수 있고, 이러한 배당은 배당소득으로 하여 소득세가 과세된다(당연히 소득세에 부가되는 개인지방소득세도 과세된다). 배당소득에 대한 소득세(개인지방소득세를 포함)는 회사가 배당금을 지급할 때 14%(개인지방소득세 1.4%)를 원천징수하여 지급일이 속한 달의 다음 달 10일까지 세무서에 납부하게 된다. 1년간 배당소득과 이자소득의 합계액이 2,000만원을 초과하지 않는 일반 근로자의 경우에는 원천징수로 과세가 종결되기 때문에 별도로 배당소득에 대한 세금신고를 할 필요가 없다.

무상증자나 감자를 결의한 경우에도 일정금액을 배당소득으로 간주하여 소득세를 부과하기도 하는데, 이 부분은 본격적으로 세법을 공부하는 경우에 알아보도록 하자.

---

[1] 과점주주란 법인의 주주 또는 유한책임사원 1인과 그의 친족 기타 특수관계에 있는 자의 소유주식 또는 출자액의 합계액이 해당 법인의 발행주식총수 또는 출자총액의 50%를 초과하면서 그 법인의 경영에 대하여 지배적인 영향력(예 임원 임면권 행사, 사업방침 결정 등 법인경영에 사실상 영향력을 행사한다고 인정되는 경우 등)을 행사하는 자를 말한다.

3 주식을 처분하는 때

(1) 증권거래세

주식을 처분하는 때에는 증권거래세가 과세된다. 증권거래세는 양도가액의 0.35%(2021년부터 2022년까지는 0.43%)로 하는 것이 원칙이지만, 유가증권시장(0%, 2021년부터 2022년까지는 0.08%, 2023년은 0.05%, 2024년은 0.03%)과 코스닥시장(0.15%, 2021년부터 2022년까지는 0.23%, 2023년은 0.2%, 2024년은 0.18%) 및 코넥스시장(0.1%)에서 거래되는 주식은 자본시장의 육성을 위해 더 낮은 세율을 적용하고 있다.

(2) 농어촌특별세

유가증권시장에서 거래되는 상장주식을 처분하는 때에는 농어촌특별세도 과세된다. 이 경우 세액은 유가증권시장에서 거래된 상장주식 양도가액의 0.15%이다.

(3) 양도소득세

① 비상장주식, 그리고 ② 상장주식이지만 장외거래분이거나 대주주 양도분 및 ③ 해외주식 양도분은 양도소득으로 하여 소득세가 과세된다.(당연히 소득세에 부가되는 개인 지방소득세도 부과된다) 즉, 소액주주(일명 '개미투자자')가 장내에서 양도하는 국내 상장주식은 양도소득세가 과세되지 않는다. 양도소득세가 과세되는 주식의 세율은 다음과 같다.

구 분		양도소득세 과세대상자산		세 율
국내주식 중 ①, ②	대주주가 양도하는 주식 등	a. 1년 미만 보유한 주식 등으로서 비중소기업 주식 등		30%
		b. 위 a에 해당하지 아니하는 주식 등	과세표준 3억원까지	20%
			과세표준 3억원 초과분	25%
	대주주가 아닌 자가 양도하는 주식 등	a. 중소기업 주식 등		10%
		b. 위 a에 해당하지 아니하는 주식 등		20%
③ 해외주식		a. 중소기업 주식 등		10%
		b. 위 a에 해당하지 아니하는 주식 등		20%

CHAPTER 03 개인사업자는 어떤 세금을 내는가?

01 사업자 등록 및 기장의무 등

사업을 시작하게 되면 사업자등록을 해야 하고, 기장을 해야 하며, 각종 세금을 납부해야 한다. 본 절에서는 개인사업자의 경우를 가정하여 사업자등록, 기장의무, 각종 세금의 종류에 대해 설명하고, 그 중에서 사업소득에 대한 소득세와 부가가치세에 대한 설명은 절을 달리하여 설명하기로 한다.

1 창업시 사업자등록

새로 사업을 시작하는 경우에는 그 업종, 규모에 관계없이 사업장[2]마다 사업을 개시한 날부터 20일 이내에 관할세무서(사업장소재지)에 사업자등록을 신청하여 사업자등록증을 발급받아야 한다. 이 경우 사업자등록절차와 관련하여 주의할 내용은 다음과 같다.

(1) 사업자등록시 첨부서류

사업자등록을 하고자 하는 자는 사업등록신청서에 다음의 서류를 첨부하여야 한다.

구 분	첨부서류
① 법령에 의하여 허가를 받거나 등록 또는 신고를 하여야 하는 사업의 경우	사업허가증사본·사업등록증사본 또는 신고필증사본
② 사업장을 임차한 경우	임대차계약서사본
③ 상가건물의 일부분을 임차한 경우	해당 부분의 도면
④ 금지금 도·소매업 및 과세유흥장소에의 영업	자금출처소명서

---

[2] 본래 사업자등록은 사업장마다 해야 하는 것이 원칙이다. 즉, 甲이라는 사업자가 수원과 파주에 사업장을 가지고 있다면 수원사업장과 파주사업장은 각각 수원세무서와 파주세무서에 사업자등록을 해야 하는 것이다. 그러나 사업자가 사업장별로 부가가치세를 신고납부하거나, 세금계산서를 발행하는 불편함을 덜어주기 위해 둘 이상의 사업장을 가진 사업자가 해당 사업자의 본점 또는 주사무소에서 총괄하여 신고, 납부, 사업자등록 및 세금계산서 발행 등을 할 수 있도록 하였는데, 이를 '사업자단위과세'라고 한다.

* 사업개시전 등록의 경우로서 사업의 허가·등록이나 신고전에 등록을 하는 경우 : 사업허가신청서사본·사업등록신청서사본·사업신고서사본 또는 사업계획서를 위의 첨부서류에 갈음할 수 있다.

(2) 사업자등록증의 발급

사업자등록의 신청을 받은 사업장 관할세무서장은 신청일부터 2일(토요일 및 일요일, 공휴일 및 대체공휴일, 근로자의 날은 제외함) 이내에 등록번호가 부여된 사업자등록증을 신청자에게 발급하여야 한다. 다만, 사업장의 시설이나 사업현황을 확인하기 위하여 국세청장이 필요하다고 인정하는 경우에는 발급기한을 5일(토요일 및 일요일, 공휴일 및 대체공휴일, 근로자의 날은 제외함) 이내에서 연장하고 조사한 사실에 따라 사업자등록증을 발급할 수 있다.

(3) 사업자등록의 정정

사업자등록을 한 사업자에게 다음의 어느 하나에 해당하는 등록정정사유가 발생한 때에는 지체없이 관할세무서장에게 사업자등록정정신고를 하여야 하며, 신고를 받은 세무서장은 다음의 기한 내에 정정내용을 확인하고 사업자등록증의 기재사항을 정정하여 재발급하여야 한다.

등록정정사유	재발급기한
① 상호를 변경하는 때 ② 사이버몰에 인적사항 등의 정보를 등록하고 재화나 용역을 공급하는 통신판매업자가 사이버몰의 명칭 또는 「인터넷주소자원에 관한 법률」에 따른 인터넷 도메인이름을 변경하는 때	신청일 당일
③ 법인 또는 「국세기본법」에 따라 1거주자로 보는 단체의 대표자를 변경하는 때 ④ 사업의 종류에 변동이 있는 때 ⑤ 사업장을 이전하는 때 ⑥ 상속으로 인하여 사업자의 명의가 변경되는 때 ⑦ 공동사업자의 구성원 또는 출자지분의 변경이 있는 때 ⑧ 임대인, 임대차 목적물·그 면적, 보증금 또는 임대차기간의 변경이 있거나 새로이 상가건물을 임차한 때 ⑨ 사업자단위과세사업자가 사업자단위 과세적용사업장을 변경하는 때 ⑩ 사업자단위과세사업자가 종된 사업장의 신설, 이전, 휴업 또는 폐업하는 때	신청일부터 2일 이내

(4) 미등록시 가산세 등

사업자가 사업개시일부터 20일 이내에 사업자등록을 신청하지 않은 때에는 부가가치세법에 의해 사업개시일부터 등록을 신청한 날의 직전일까지의 공급가액에 1%의 미등록가산세가 부과되고, 구입한 상품에 대해서는 세금계산서를 받을 수 없기 때문에 부가가치세를 공제받을 수 없게 된다.

2 장부기장 의무

(1) 복식부기의무자와 간편장부대상자

모든 사업자는 원칙적으로 복식부기에 의한 장부에 거래내용을 기장하여야 한다. 그러나 회계지식이 거의 없는 소규모 개인사업자의 경우에 복식부기로 기장한다는 것은 사실상 매우 어려운 일이다. 따라서 국세청에서는 이러한 소규모 개인사업자들도 쉽게 장부를 기장할 수 있도록 특별히 고안한 장부를 만들어 고시하였는데, 이를 간편장부라고 한다.

소득세법상 간편장부를 사용할 수 있는 사업자(이를 '간편장부대상자'라 한다)가 간편장부에 의해 소득금액을 계산하고 신고하는 경우에는 장부를 비치·기장한 것으로 인정하고 있다.

여기서 간편장부대상자란 해당연도에 신규로 사업을 개시한 사업자와 직전연도의 수입금액의 합계액이 다음의 금액에 미달하는 사업자를 말한다.

업종구분	기준금액
① 농업, 임업, 어업, 광업, 도·소매업, 부동산매매업 및 아래 ②, ③에 해당하지 아니하는 사업	3억원 미만
② 제조업, 숙박·음식점업, 전기·가스·증기 및 수도사업, 하수·폐기물처리, 원료재생 및 환경복원업, 건설업, 운수업, 출판·영상·방송통신 및 정보서비스업, 금융 및 보험업	1억 5천만원 미만
③ 부동산임대업, 전문·과학 및 기술서비스업, 사업시설관리 및 사업지원서비스업, 교육서비스업, 보건업 및 사회복지서비스업, 예술·스포츠 및 여가관련서비스업, 협회 및 단체, 수리 및 기타개인서비스업, 가구내 고용활동	7,500만원 미만

다만, 전문직 사업자(회계사, 세무사, 변호사, 법무사 등)과 의료보건용역을 제공하는 자(의사, 한의사, 수의사, 약사 등)에 대해서는 수입금액 규모와 상관없이 사업을 개시할 때부터 복식부기의무가 부여된다.

① 기장세액공제

위에서 설명한 간편장부대상자가 복식부기에 따라 기장하여 소득금액을 계산하고 기업회계기준을 준용하여 작성한 재무상태표·손익계산서·합계잔액시산표 등을 제출하는 경우에는 1백만원을 한도로 20%의 세액공제 혜택을 주고 있다.

② 무기장가산세

사업자가 장부를 비치·기장하지 않았거나 비치·기장한 장부에 의한 소득금액이 기장하여야 할 금액에 미달한 때에는 20%의 무기장가산세를 부과한다. 다만, 해당 과세기간에 신규로 사업을 개시한 사업자나 직전 과세기간의 수입금액이 4,800만원에 미달하는 사업자(이하 '소규모사업자'라 함)는 무기장가산세를 부과하지 않는다.

참고로 사업자에 대한 기장세액공제와 무기장가산세(장부의 기록·보관 불성실 가산세) 규정을 요약·정리하면 다음과 같다.

구 분	복식부기의무자	간편장부대상자	
		소규모사업자가 아닌 경우	소규모사업자인 경우
(1) 기장한 경우	-	간편장부 : - 복식부기 : 기장세액공제	간편장부 : - 복식부기 : 기징세액공제
(2) 기장하지 않은 경우	무기장가산세	무기장가산세	-

* 여기서 소규모사업자란 간편장부대상자로서 다음에 해당하는 사업자를 말한다.
  ① 신규사업자
  ② 직전 과세기간에 사업소득 수입금액의 합계액이 4,800만원에 미달하는 사업자
  ③ 연말정산되는 사업소득(보험모집인, 방문판매원, 음료품배달원)만 있는 사업자

(2) 경비율 제도(추계신고 제도)

개인사업자는 법인사업자에 비해 기장능력이 부족하다. 따라서 소득세법에서는 기장능력이 부족한 개인사업자가 장부를 기장하지 않은 경우에도 소득금액을 추정 계산하여 소득세를 신고납부할 수 있도록 하였는데, 이를 추계신고제도 또는 경비율 제도라고 한다. 경비율 제도를 이용하여 소득세를 신고납부 하였더라도 기장을 한 것은 아니므로 무기장가산세(소규모사업자는 제외)는 당연히 부과된다.

이러한 경비율제도는 다음 표와 같이 업종에 따라 연간수입금액이 일정액에 미달하면 단순경비율을 적용하고, 단순경비율 적용대상자가 아닌 경우에는 기준경비율을 적용한다.

▎단순경비율 적용대상자 & 기준경비율 적용대상자

다음 표와 같이 업종에 따라 연간수입금액이 일정액에 미달하면 단순경비율을 적용하고, 단순경비율 적용대상자가 아닌 경우에는 기준경비율을 적용한다.

<업종별 수입금액 기준>

업종구분	Ⓐ 해당연도 수입금액	Ⓑ 직전연도 수입금액
① 농업, 임업, 어업, 광업, 도·소매업(상품중개업 제외), 부동산매매업 및 아래 ②, ③에 해당하지 아니하는 사업	3억원 미만	6천만원 미만
② 제조업, 숙박·음식점업, 전기·가스·증기 및 공기조절 공급업, 수도·하수·폐기물 처리·원료 재생업, 건설업, 운수업 및 창고업, 정보통신업, 금융 및 보험업, 상품중개업	1억 5천만원 미만	3,600만원 미만
③ 부동산임대업, 부동산업(부동산매매업 제외), 전문·과학 및 기술서비스업, 사업시설관리·사업지원 및 임대서비스업, 교육서비스업, 보건업 및 사회복지서비스업, 예술·스포츠 및 여가관련서비스업, 협회 및 단체, 수리 및 기타 개인서비스업, 가구내 고용활동	7,500만원 미만	2,400만원 미만

* 단순경비율 적용대상자란 다음 중 어느 하나에 해당하는 사업자를 말한다.
  ① 해당 과세기간에 신규로 사업을 개시한 사업자로서 업종별 수입금액 기준 Ⓐ에 해당하는 사업자
  ② 업종별 수입금액 기준 Ⓐ와 Ⓑ에 모두 해당하는 사업자

* 단, 수입금액과 관계없이 복식부기의무자가 되는 전문직사업자(회계사, 세무사 등)와 의료보건용역을 제공하는 자(의사, 약사 등)는 수입금액과 관계없이 단순경비율 적용을 배제한다.

① 기준경비율법

기준경비율적용대상자는 주요경비인 매입비용, 임차료, 인건비는 지출증빙이 있어야만 필요경비로 인정하고, 그 외의 경비는 업종별로 정한 수입금액에 대한 경비의 비율인 기준경비율에 의하여 필요경비로 인정하여 소득금액을 계산한다.

$$\text{소득금액} = \text{수입금액}^{*1} - \underline{\text{주요경비}(\text{매입비용}^{*2} + \text{인건비}^{*3} + \text{임차료}^{*4})} - \text{수입금액} \times \text{기준경비율}^{*5}$$
(지출증빙이 있어야만 함)

*1. 수입금액에는 다음의 금액을 포함함.
　① 당해 사업과 관련하여 국가·지방자치단체로부터 지급받은 보조금 또는 장려금
　② 당해 사업과 관련하여 동업자단체 또는 거래처로부터 지급받은 보조금 또는 장려금
　③ 「부가가치세법」에 따른 신용카드매출전표 등 발행세액공제액
　④ 복식부기의무자의 사업용 유형자산(부동산 제외) 양도가액
2. 사업용 유형자산 및 무형자산에 대한 매입비용은 제외하고, 업무와 관련한 재화의 매입비용(용역 중 외주가공비와 운송업자의 운송비 포함)
3. 사업용 유형자산 및 무형자산에 대한 임차료만 인정함
4. 대표자에 대한 인건비는 제외함
5. 복식부기의무자의 경우에는 기준경비율에 50%를 곱한 금액으로 함.

㉠ 총수입금액이 일정규모 이상인 사업자로서 장부를 기장하지 않은 사업자는 기준경비율법을 적용하여 소득금액을 추계한다. 다만, 단순경비율법에 의한 소득금액에 일정배수(복식부기의무자는 3.4배, 간편장부대상자의 경우 2.8배)를 곱하여 계산한 금액을 한도로 한다.(2024.12.31.이 속하는 과세기간의 소득금액을 결정 또는 경정할 때까지 적용)
㉡ 기준경비율에 의한 소득세신고는 추계신고이므로 장부의 기록·보관불성실가산세가 부과됨에 유의하여야 한다.
㉢ 수입금액에 관계없이 복식부기의무자가 되는 전문직사업자(회계사, 세무사 등)와 의료보건용역을 제공하는 자(의사, 약사 등)는 단순경비율 적용을 배제한다.

② 단순경비율법

단순경비율적용대상자는 수입금액에서 수입금액에 업종별로 정한 수입금액에 대한 경비의 비율인 단순경비율을 곱한 금액을 차감하여 소득금액을 계산한다.

$$\text{소득금액} = \text{수입금액} - \text{수입금액} \times \text{단순경비율}$$

㉠ 단순경비율 적용대상 사업자는 단순경비율법에 의하여 소득금액을 추계한다. 다만, 단순경비율 적용대상자인 경우에도 기준경비율법을 적용한 추계소득금액이 단순경비율을 적용한 추계소득금액보다 적은 경우에는 기준경비율법을 적용할 수 있다.
㉡ 단순경비율법에 의한 소득세신고도 추계신고이므로 소규모사업자를 제외한 사업자는 장부의 기록·보관불성실가산세가 부과된다.

3 사업용계좌 개설

사업자의 개인거래와 사업용거래를 분리하고 보다 용이하게 사업관련 금융거래내역을 확인함으로써 세원투명성을 확보하기 위해 사업용계좌 개설제도가 도입되었다.

(1) 사업용계좌의 개설 및 신고

복식부기의무자는 복식부기의무자에 해당하는 과세기간의 개시일{사업개시와 동시에 복식부기의무자에 해당되는 경우(즉, 전문직 사업자인 경우)에는 다음 과세기간 개시일}부터 6개월 이내에 사업용계좌를 개설하고 사업장관할세무서장 또는 납세지관할세무서장에게 신고하여야 한다.

(2) 사업용계좌의 사용의무

복식부기의무자는 사업용 재화·용역을 공급받거나 공급하는 거래 중 다음의 어느 하나에 해당하는 때에는 사업용계좌를 사용하여야 한다.
① 거래의 대금을 금융회사 등을 통하여 결제하거나 결제받는 때
② 인건비 및 임차료를 지급하거나 지급받을 때. 다만, 인건비를 지급하거나 지급받는 거래 중에서 거래상대방의 사정으로 사업용계좌를 사용하기 어려운 것으로 인정되는 법 소정의 거래는 제외한다.

(3) 사업용계좌의 변경 및 추가개설 신고

사업용계좌를 변경하거나 추가로 개설하는 경우 과세표준확정신고기한까지 이를 신고하여야 한다.

4 개인사업자가 내야할 세금

(1) 사업소분 주민세

매년 7월 1일 현재 지방자치단체에서 일정규모 이상의 사업소를 둔 개인사업자(수입금액 8,000만원 이상인 개인으로서 담배소매인, 연탄·양곡소매인, 노점상인 및 유치원 경영자는 제외함)는 기본세율인 5만원과 연면적에 대한 세율인 사업소 연면적 1㎡당 250원(단, 오염물질 배출 사업소는 1㎡당 500원)의 재산분 주민세를 7월 1일부터 7월 31일까지 관할 지방자치단체에 신고납부하여야 한다. 단, 사업소의 연면적이 330㎡ 이하인 경우에는 연면적에 대한 세율을 부과하지 않는다.

(2) 종업원분 주민세

종업원에게 급여를 지급하는 사업주는 종업원에게 지급한 그 달의 급여 총액의 0.5%를 곱한 종업원분 주민세를 다음 달 10일까지 관할 지방자치단체에 신고납부하여야 한다. 단, 해당 사업소의 종업원 급여총액의 월평균 금액이 1억 5천만원 이하인 경우에는 종업원분 주민세를 부과하지 않는다.

(3) 개별소비세(간접세)

개별소비세가 부과되는 물품(일반적으로 사치성 재산)을 판매 또는 제조하여 반출하는 자, 개별소비세가 과세되는 과세장소를 경영하는 자 등은 개별소비세를 신고납부 해야한다. 이렇게 과세된 개별소비세는 해당 재화나 용역의 가액에 포함되어 소비자에게 세부담이 전가되는 간접세이다.

이러한 개별소비세에는 교육세와 농어촌특별세가 부가세로서 부과되어 같이 신고납부를 하여야 하는데, 일반적으로 자영업자의 경우에는 개별소비세를 납부하는 경우가 거의 없다.

(4) 부가가치세(간접세)

사업자는 재화나 용역을 공급하는 때에 공급가액(매출액)의 10%에 해당하는 부가가치세를 가격에 포함시켜 공급받는 자로부터 징수한 후, 그 징수한 부가가치세(매출세액)에서 재화 등을 매입할 때 징수당하여 세금계산서 등에 의해 확인된 부가가치세(매입세액)를 차감한 금액을 사업장소재지 관할세무서장에게 신고·납부해야 한다.

(5) 사업소득세 및 개인 지방소득세

사업으로 인해 소득이 발생하는 모든 사업자는 사업소득으로 인한 소득세를 신고·납부하여야 하며, 그 소득세의 10%에 해당하는 개인 지방소득세도 신고·납부하여야 한다.

 ## 사업소득에 대한 종합소득세

사업소득에 대한 소득세는 매년 5월 1일부터 5월 31일까지 사업자의 주소지 관할 세무서에 신고납부한다. 그러나 조세수입을 조기에 확보하고 납세자의 조세부담을 분산시키기 위하여 중간예납제도를 두고 있고, 해당연도의 수입금액이 일정규모 이상인 사업자는 소득세를 신고할 때 세무사 등이 장부 기장 내용의 적확성 여부를 확인하고 작성한 성실신고확인서를 의무적으로 제출하도록 하고 있다.

부동산임대업도 사업이지만, 부동산임대업에 대한 사업소득세는 <4장 부동산관련 세금>에서 알아보도록 한다.

1 사업소득금액의 계산

사업소득금액은 해당연도의 총수입금액(비과세소득 제외)에서 이에 소요되는 필요경비를 공제한 금액으로 한다.

사업소득금액 = 총수입금액(비과세소득* 제외) - 필요경비

* 일반적으로 사업소득에서의 비과세소득은 농어민등과 관련이 있으므로 일반적인 사업자들과는 관련이 없다.

사업소득금액은 위와 같이 계산하는 것이 원칙이지만, 실제로는 사업자가 작성한 장부인 손익계산서상의 당기순이익을 기초로 다음과 같은 세무조정을 통하여 계산하는 것이 일반적이다. 또한, 장부를 기장하지 않은 경우에도 소득금액을 추정 계산하여 소득세를 신고납부할 수 있도록 하는 제도는 추계신고제도 또는 경비율 제도라고 하여 제1절에서 설명하였다.

손익계산서	양자간의 차이조정(= 세무조정)	소득세법
수 익	(+) 총수입금액산입 (-) 총수입금액불산입	총수입금액
(-) 비 용	(-) 필요경비산입 (+) 필요경비불산입	(-) 필 요 경 비
당기순이익	(+) 총수입금액산입 · 필요경비불산입 (-) 필요경비산입 · 총수입금액불산입	사업소득금액

2 사업소득의 총수입금액

총수입금액에 해당하는 것	총수입금액에 해당하지 않는 것
① 사업수입금액(매출액에서 매출에누리와 환입·매출할인액·보험모집인 수당환수액을 차감한 금액) ② 거래상대방으로부터 받는 장려금 기타 이와 유사한 성질의 금액 ③ 관세환급금 등 필요경비로서 지출된 세액이 환입되었거나 환입될 금액 ④ 사업과 관련된 자산수증이익 · 채무면제이익 ⑤ 확정급여형 퇴직연금제도에 따른 보험계약의 보험차익과 신탁계약의 이익 또는 분배금 ⑥ 사업과 관련하여 해당 사업용자산의 손실로 인하여 취득하는 보험차익 ⑦ 재고자산(또는 임목)을 가사용으로 소비하거나 종업원·타인에게 지급한 경우 그 소비·지급한 재고자산가액(시가)	① 소득세 또는 지방소득세 소득분을 환급받았거나 환급받은 금액 중 다른 세액에 충당한 금액 ② 자산수증이익(복식부기의무자가 국고보조금 등 국가, 지방자치단체 또는 공공기관으로부터 무상으로 지급받은 금액은 제외) · 채무면제이익 중 이월결손금의 보전에 충당된 금액 ③ 이전 과세기간으로부터 이월된 소득금액 ④ 사업자가 자가생산한 제품 등을 다른 제품의 원재료 등으로 사용한 금액 ⑤ 자기의 총수입금액에 따라 납부하거나 납부할 개별소비세 · 주세 및 교통 · 에너지 · 환경세 ⑥ 국세환급가산금, 지방세환급가산금 및 그 밖의 과오납금의 환급금에 대한 이자 ⑦ 부가가치세 매출세액

⑧ 화폐성 외화 자산·부채의 외환차익 ⑨ 복식부기의무자가 사업용 유형자산(토지, 건물은 제외)을 양도하는 경우 그 양도가액 ⑩ 기타 사업과 관련된 수입금액으로서 해당 사업자에게 귀속되었거나 귀속될 금액	⑧ 자산의 임의평가차익

3 사업소득의 필요경비

필요경비에 해당하는 것	필요경비에 해당하지 않는 것
① 판매한 상품 또는 제품에 대한 원료의 매입가격(매입에누리 및 매입할인 제외)과 그 부대비용 ② 판매한 상품 또는 제품의 보관료, 포장비, 운반비, 판매장려금 및 판매수당 등 판매와 관련한 부대비용(판매장려금 및 판매수당의 경우 사전약정 없이 지급하는 경우 포함) ③ 거래수량 또는 거래금액에 따라 상대편에게 지급하는 장려금 기타 이와 유사한 성질의 금액 ④ 부동산의 양도 당시의 장부가액(건물건설업과 부동산 개발 및 공급업의 경우만 해당) ⑤ 종업원의 급여(사업에 근무하는 대표자 가족 인건비는 포함, 대표자 인건비는 제외), 종업원의 출산 또는 양육 지원을 위해 종업원에게 공통적으로 적용되는 지급기준에 따라 지급하는 금액 ⑥ 「근로자퇴직급여 보장법」에 따라 사용자가 부담하는 부담금, 「중소기업 인력지원 특별법」에 따른 중소기업이 부담하는 기여금 ⑦ 「국민건강보험법」·「고용보험법」및 「노인장기요양보험법」에 따라 사용자로서 부담하는 보험료·부담금, 「국민건강보험법」및 「노인장기요양보험법」에 따른 직장가입자로서 부담하는 사용자 본인의 보험료, 지역가입자로서 부담하는 보험료, 「고용보험법」에 따른 예술인·노무제공자·자영업자, 「산업재해보상보험법」에 따른 노무제공자·중·소기업 사업주가 피보험자로서 부담하는 보험료, 단체순수보장성보험 및 단체환급부보장성보험의 보험료, 종업원을 위하여 직장체육비·직장문화비·가족계획사업지원비·직원회식비 등으로 지출한 금액, 직장어린이집의 운영비 ⑧ 지급이자, 사업용 유형 및 무형자산의 감가상각비, 사업용 자산에 대한 수선비, 관리비, 유지비, 임차료 및 손해보험료, 사업과 관련이 있는 제세공과금(세액공제를 적용하지 않는 경우의 외국소득세액을 포함함), 법 소정 자산의	① 소득세와 개인지방소득세 ② 벌금·과료·과태료, 강제징수비,징수불이행액·가산세 ③ 가사관련경비(초과인출금 관련이자 포함) ④ 감가상각비한도초과액 ⑤ 법소정자산 외의 자산의 평가차손 ⑥ 개별소비세, 주세, 교통·에너지·환경세 ⑦ 부가가치세의 매입세액(면세사업 관련 매입세액과 간이과세자가 납부한 부가가치세액은 제외) ⑧ 건설자금이자, 채권자가 불분명한 차입금의 이자 ⑨ 임의적부담금과 제재목적으로 부과한 공과금 ⑩ 업무무관비용 ⑪ 선급비용 ⑫ 업무와 관련하여 고의 또는 중대한 과실로 타인의 권리를 침해한 경우에 지급되는 손해배상금 ⑬ 기업업무추진비한도초과액 ⑭ 기부금한도초과액 ⑮ 복식부기의무자의 업무용승용차 관련비용의 필요경비불산입액

평가차손, 대손금(대손세액공제를 받지 아니한 것), 업무와 관련이 있는 해외시찰·훈련비, 법정단체에 대한 조합·협회비, 특정인에게 기증한 광고선전물품(개당 3만원 이하의 물품은 제외)으로 연간 5만원 이내의 금액
⑨ 매입한 상품·제품·부동산 및 산림 중 재해로 인하여 멸실된 것의 원가를 그 재해가 발생한 과세기간의 소득금액을 계산할 때 필요경비에 산입한 경우의 그 원가
⑩ 화폐성 외화 자산·부채의 외환차손
⑪ 복식부기의무자가 사업용 유형자산(토지, 건물 제외)의 양도가액을 총수입금액에 산입한 경우 해당 사업용 유형자산의 양도당시 장부가액
⑫ 해당 사업자가 설립한 사내근로복지기금, 해당 사업자가 다른 사업자 간에 공동으로 설립한 공동근로복지기금, 해당 사업자의 협력중소기업이 설립한 사내근로복지기금, 해당 사업자의 협력중소기업 간에 공동으로 설립한 공동근로복지기금에 출연하는 금품
⑬ 위와 유사한 성질의 것으로서 해당 총수입금액에 대응하는 경비

4 사업소득자의 소득세 과세표준 및 산출세액의 계산

사업소득자의 소득세 과세표준은 사업소득금액에 종합소득공제를 차감한 금액으로 한다. 이 경우 종합소득공제는 근로소득이 있는 자에게만 적용되는 특별소득공제와 신용카드 사용에 따른 소득공제는 적용하지 아니한다.

사업소득자의 소득세 산출세액은 과세표준에 8단계 초과누진세율을 곱한 금액으로 한다.

5 사업소득자에게 적용되는 세액공제

사업소득자에게 적용되는 세액공제는 다음과 같다. 자녀세액공제, 연금계좌세액공제, 특별세액공제와 조세특례제한법상 세액공제는 제2장에서 근로소득자에게 적용되는 세액공제부분을 참고하기 바란다.

구 분	종 류	비 고
소 득 세 법	① 기장세액공제 ② 전자계산서 발급·전송 세액공제 ③ 재해손실세액공제 ④ 자녀세액공제 ⑤ 연금계좌세액공제 ⑥ 특별세액공제 :	성실사업자는

	a. 사업소득만 있는 경우
	  표준세액공제(7만원)
	b. a 이외의 경우
	  기부금세액공제 + 표준세액공제(7만원)
		의료비·교육비 세액공제 또는
		표준세액공제(13만원) 적용 가능

조세특례제한법	① 월세 세액공제 ② 정치자금에 대한 세액공제 ③ 고향사랑 기부금 세액공제 ④ 전자신고세액공제 ⑤ 현금영수증가맹점에 대한 세액공제 ⑥ 통합 투자세액공제 등	성실사업자 및 성실신고대상자도 적용 - - - 5,000원 미만 발급 건수당 20원 10년간 이월공제

(1) 기장세액공제

간편장부대상자가 종합소득과세표준확정신고를 함에 있어서 복식부기에 따라 기장한 장부에 의하여 소득금액을 계산하고 기업회계기준을 준용하여 작성한 재무상태표·손익계산서와 그 부속서류 및 합계잔액시산표와 조정계산서를 제출하는 경우에는 종합소득산출세액에서 다음의 금액을 공제한다.

기장세액공제액 : Min[①, ②]

① 종합소득산출세액 × $\dfrac{\text{기장된 사업소득금액}}{\text{종합소득금액}}$ × 20%

② 한도액 : 100만원

그러나 다음 중 하나에 해당하는 경우는 기장세액공제 적용을 배제한다.
① 복식부기에 따라 기장한 장부에 의해 신고해야 할 소득금액의 20% 이상을 누락한 경우
② 기장세액공제와 관련된 장부 및 증명서류를 해당 과세표준확정신고기간 종료일부터 5년간 보관하지 않은 경우. 다만, 천재지변 등의 사유로 보관하지 않은 경우는 그러하지 아니하다.

(2) 전자계산서 발급 전송에 대한 세액공제

해당 과세기간에 신규로 사업을 개시한 사업자 또는 직전 과세기간의 사업장별 총수입금액이 3억원 미만인 사업자가 전자계산서를 2024년 12월 31일까지 발급(전자계산서 발급명세를 전자계산서 발급일의 다음 날까지 전송하는 경우로 한정한다)하는 경우에는 다음의 금액을 해당 과세기간의 사업소득에 대한 종합소득산출세액에서 공제할 수 있다.

전자계산서 발급 전송에 대한 세액공제 : Min[①, ②]
① 전자계산서 발급 건수 × 200원
② 한도액 : 연간 100만원

(3) 재해손실세액공제

사업자가 해당연도 중 재해로 인하여 자산총액의 20% 이상에 상당하는 자산을 상실한 경우에는 다음의 금액을 산출세액에서 공제한다.

재해손실세액공제액 : Min[①, ②]
① 공제대상 소득세액 × 재해상실비율
② 한도액 : 상실된 자산가액

6 확정신고자진납부

(1) 납부기한

거주자는 해당 과세기간의 과세표준에 대한 종합소득산출세액·퇴직소득산출세액에서 세액공제액을 공제한 금액을 과세표준 확정신고기한(5월 1일~5월 31일)까지 납세지관할세무서·한국은행 또는 체신관서에 납부하여야 한다.

(2) 분납

중간예납세액·부동산매매업자의 토지 등 매매차익 예정신고납부세액·확정신고납부할 세액이 각각 1천만원을 초과하는 자는 그 납부할 세액의 일부를 납부기한이 지난 후 2개월 이내에 분할납부할 수 있다.

구 분	분납할 수 있는 금액
납부할 세액이 2,000만원 이하인 경우	1,000만원을 초과하는 금액
납부할 세액이 2,000만원 초과하는 경우	그 세액의 50% 이하의 금액

* 가산세와 감면분 추가납부세액은 분납대상에서 제외한다.

7 성실신고확인제도

성실신고확인제도란 개인사업자의 성실신고를 유도하기 위해 수입금액(복식부기의무자의 사업소득을 구성하는 사업용 유형자산을 양도함으로써 발생한 수입금액은 제외함)이 업종별로 일정규모 이상의 개인사업자의 경우 종합소득과세표준 확정신고시 세무사 등이 장부기장 내용의 정확성 여부를 확인하고 작성한 성실신고확인서를 의무적으로 제출하도록 하는 것이다.

업종별 구분에 따른 수입금액 기준

구 분	기준수입금액
① 농업, 임업, 어업, 광업, 도·소매업(상품중개업 제외), 부동산매매업 및 아래 ②, ③에 해당하지 아니하는 사업	15억원
② 제조업, 숙박·음식점업, 전기·가스·증기 및 공기조절공급업, 수도·하수·폐기물처리·원료재생업, 건설업, 운수업 및 창고업, 정보통신업, 금융 및 보험업, 상품중개업	7억 5천만원
③ 부동산임대업, 부동산업(부동산매매업 제외), 전문·과학 및 기술서비스업, 사업시설관리·사업지원 및 임대서비스업, 교육서비스업, 보건업 및 사회복지서비스업, 예술·스포츠 및 여가관련서비스업, 협회 및 단체, 수리 및 기타개인서비스업, 가구내 고용활동	5억원

*1. ①, ②에 해당하는 업종을 영위하는 사업자 중 변호사업·회계사업·세무사업 등 사업서비스업을 영위하는 사업자의 경우에는 ③에 따른 금액 이상인 사업자를 말한다.
 2. ①~③의 업종을 겸영하거나 사업장이 2 이상인 경우에는 다음 산식에 의한 금액으로 대상자 해당 여부를 판단한다.

$$\text{주업종(수입금액이 가장 큰 업종) 수입금액} + \text{주업종 외의 업종의 수입금액} \times \frac{\text{주업종에 대한 기준수입금액}}{\text{주업종 외의 업종에 대한 기준수입금액}}$$

(1) 성실신고확인서 제출에 대한 혜택

구 분	내 용
① 확정신고기한 연장	성실신고확인대상 사업자가 성실신고확인서를 제출하는 경우에는 종합소득과세표준 확정신고를 그 과세기간의 다음 연도 5월 1일부터 6월 30일까지 하여야 한다.
② 의료비·교육비 세액공제	성실신고확인대상 사업자로서 성실신고확인서를 제출한 자는 성실사업자와 마찬가지로 의료비 및 교육비(직업능력개발훈련시설 수강료는 제외)를 지출한 경우에는 의료비 세액공제와 교육비 세액공제를 계산하여 해당 과세연도의 소득세(사업소득에 대한 소득세만 해당함)에서 공제한다.
③ 월세 세액공제	종합소득금액이 7천만원 이하인 성실신고확인대상 사업자로서 성실신고확인서를 제출한 자는 성실사업자와 마찬가지로 월세액을 지출한 경우 그 지출한 금액(1,000만원 한도)의 15%(종합소득금액이 4,500만원 이하인 경우에는 17%)에 해당하는 금액을 해당 과세연도의 소득세(사업소득에 대한 소득세만 해당함)에서 공제한다.
④ 성실신고 확인비용에 대한 세액공제	성실신고확인대상 사업자가 성실신고확인서를 제출하는 경우에는 다음의 금액을 사업소득(부동산임대업에서 발생하는 소득 포함)에 대한 소득세에서 공제한다. 세액공제액 = Min[성실신고 확인에 직접 사용한 비용 × 60%, 연 120만원]

*1. 성실신고확인비용에 대한 세액공제의 이월공제
    해당 과세연도에 납부할 세액이 없어서 공제받지 못한 부분에 상당하는 금액은 해당 과세연도의 다음 과세연도 개시일부터 10년 이내에 끝나는 각 과세연도에 이월하여 그 이월된 각 과세연도의 사업소득(부동산임대업에서 발생하는 소득 포함)에 대한 소득세에서 공제한다.
 2. 사업소득금액 과소신고시 성실신고확인비용에 대한 세액공제액의 추징
    ① 성실신고확인비용에 대한 세액공제를 적용받은 사업자가 해당 과세연도의 사업소득금액을 과소신고한 경우로서 그 과소신고한 사업소득금액이 경정된 사업소득금액의 10% 이상인 경우에는 세액공제받은 금액에 상당하는 세액을 전액 추징한다.
    ② 이와 같이 사업소득금액이 경정된 사업자는 경정일이 속하는 과세연도의 다음 과세연도부터 3 과세기간동안 성실신고확인비용에 대한 세액공제를 적용하지 아니한다.

(2) 성실신고확인서 미제출에 대한 제재

구 분	내 용
가산세	성실신고확인대상 사업자가 그 과세기간의 다음 연도 6월 30일까지 성실신고확인서를 납세지 관할 세무서장에게 제출하지 아니한 경우에는 다음의 금액을 결정세액에 더한다. Max [①, ②] ① 종합소득산출세액*1 × $\dfrac{\text{사업소득금액}^{*2}}{\text{종합소득금액}}$ × 5% ② 해당 과세기간 사업소득의 총수입금액 × $\dfrac{2}{10,000}$ * 종합소득산출세액이 없는 경우에도 적용함 *1. 경정으로 종합소득산출세액이 '0'보다 크게 된 경우에는 경정된 종합소득산출세액을 기준으로 가산세를 계산한다. 2. 사업소득금액이 종합소득금액에서 차지하는 비율이 1보다 큰 경우에는 1로, 0보다 작은 경우에는 0으로 한다.
세무조사	세무공무원은 정기선정에 의한 조사 외에 납세자가 세법에서 정하는 성실신고확인서의 제출의무를 이행하지 않은 경우에는 세무조사를 할 수 있다. → 수시선정사유에 해당함.

03 부가가치세

부가가치세(Value Added Tax)란 기업이 창출한 부가가치를 과세대상으로하는 조세이다. 여기서 부가가치란 일정기간 동안 기업이 생산·유통 등의 경제활동을 통하여 새로이 창출한 가치의 증가분을 의미하는 것으로, 기업이 생산한 재화나 용역의 판매가격에서 외부로부터 매입한 재화나 용역의 원가를 차감하여 계산한다. 또한, 부가가치는 기업이 여러 생산요소들을 투입하여 창출한 것이므로 생산설비 등의 자본재가 없다고 가정할 경우에는 생산요소의 공급자에게 분배된 임금·지대·이자·이윤의 합계액과 일치할 것이다.

그러나 생산설비 등의 자본재가 존재할 경우 자본재를 어떻게 취급하느냐에 따라 여러 유형의 부가가치세가 존재하며, 동일한 부가가치세라 하더라도 그 부가가치를 계산하는 방법은 여러 가지가 있다.

1 부가가치세의 유형과 과세방법

(1) 부가가치세의 유형

부가가치세는 과세대상이 되는 부가가치의 범위에 따라 다음과 같이 3가지 유형으로 나누어진다.

구 분	부가가치의 계산방법
GNP형	총매출액 - 중간재구입액
소득형	총매출액 - 중간재구입액 - 감가상각비
소비형	총매출액 - 중간재구입액 - 자본재구입액

① GNP형 부가가치세

　GNP형 부가가치세는 자본재에 대해서도 과세하기 때문에 다른 유형에 비해 넓은 과세범위를 가지고 있다는 장점이 있으나 다음과 같은 문제점이 있다.

　㉠ 자본재매입액이 부가가치에 포함되어 과세되므로 자본재에 대한 투자를 억제한다.

　㉡ 자본재에 과세된 부가가치세는 그 자본재를 이용하여 생산된 생산물의 가격에 포함되는데, 현행 부가가치세법은 최종생산물의 가격에 부가가치세를 부과하므로 자본재에 대하여 부가가치세를 중복하여 과세하는 누적효과를 초래한다.

② 소득형 부가가치세

　소득형 부가가치세는 부가가치 계산시 자본재에 대한 감가상각비를 공제하므로 GNP형의 문제점인 누적효과는 어느 정도 방지할 수 있으나 다음과 같은 문제점이 있다.

　㉠ 자본재에 대한 투자액을 즉시 공제하는 것이 아니라 감가상각을 통하여 공제하기 때문에 자본재에 대한 투자가 어느 정도는 억제된다.

　㉡ 자본재에 대한 감가상각비를 합리적으로 측정하기 어렵다.

③ 소비형 부가가치세

　소비형 부가가치세는 자본재를 과세하지 않기 때문에 자본재에 대한 투자를 촉진하는 효과가 있고, 감가상각비를 계산할 필요가 없으며, 중간재와 자본재를 구별할 필요없이 외부로부터 구입한 모든 매입액을 총매출액에서 차감하므로 세제상 운영이 간편하다는 장점이 있다.

　이러한 장점 때문에 우리나라를 포함하여 부가가치세를 채택하고 있는 대부분의 국가에서는 소비형 부가가치세를 채택하고 있다.

(2) 부가가치세 과세방법

부가가치세의 과세방법은 부가가치를 계산하는 방법에 따라 크게 가산법과 공제법(전단계거래액공제법·전단계세액공제법)으로 구분된다.

구 분	계산구조
(1) 가 산 법	(임금 + 지대 + 이자 + 이윤) × 세율
(2) 공 제 법	
① 전단계거래액공제법	(매출액 - 매입액) × 세율
② 전단계세액공제법	매출세액 - 매입세액 (매출액 × 세율) (매입액 × 세율)

> 📌 참고

전단계세액공제법

VAT = 매출세액(매출액 × 10%) - 매입세액(매입액 × 10%)

- 과세대상 : ~~매출~~ → 공급
- 과세표준 : ~~매출액~~ → 공급가액

증빙(세금계산서 등)이 있는 경우에만 공제함

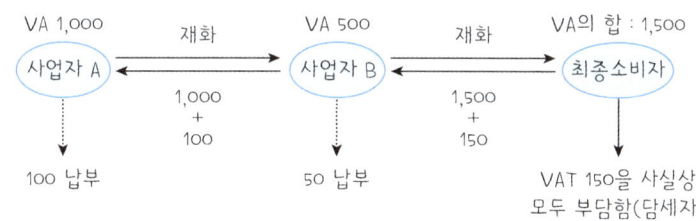

	사업자 A			
매입시 :	-		-	
매출시 : 현금	1,100	매출	1,000	
		VAT예수금	100	
납부시 : VAT예수금	100	현금	100	

	사업자 B			
매입	1,000	현금	1,100	
VAT선급금	100			
현금	1,650	매출	1,500	
		VAT예수금	150	
VAT예수금	150	VAT선급금	100	
		현금	50	

2 국경세 조정

국경세 조정이란 국제거래 되는 무역상품에 대해서 부가가치세와 같은 간접세의 과세권을 조정하는 것을 말한다. 이러한 국경세 조정에 대해서는 생산지국 과세원칙과 소비지국 과세원칙이 있다.

(1) 생산지국 과세원칙

생산지국 과세원칙이란 국제거래되는 상품의 생산지국(수출국)에서 간접세를 과세하고 소비지국(수입국)에서는 과세하지 않는 방법이다. 이 방법에 의하면 생산지국에서 과세한 간접세를 소비지국의 국민이 부담하기 때문에 생산지국과 소비지국의 간접세율이 다르다면 국가 간의 대외경쟁력이 왜곡될 수도 있다. 즉, 국가 간의 간접세율에 차이가 있는 경우 낮은 세율을 적용하는 국가의 상품이 국제경쟁력에서 우위를 차지하게 된다.

(2) 소비지국 과세원칙

소비지국 과세원칙이란 국제거래되는 상품의 생산지국에서는 간접세를 과세하지 아니하고 소비지국에서 과세하는 방법이다. 이 방법에 의하면 생산지국과 소비지국의 간접세율이 다르더라도 수입상품과 국내상품간의 간접세 부담이 동일하게 되어 국가 간의 대외경쟁력을 왜곡하지 않는다는 장점이 있다. 이러한 장점 때문에 우리나라를 포함한 거의 대부분의 국가가 소비지국 과세원칙을 채택하고 있다. 현행 우리나라 부가가치세법은 소비지국 과세원칙을 구현하기 위해 다음과 같은 제도를 두고 있다.

① 수출품에 대해서는 영세율(0%의 세율)을 적용한다.
② 수입품에 대해서는 우리나라의 세관장이 내국물품과 동일하게 부가가치세를 과세한다.

> 참고

소비지국과세원칙

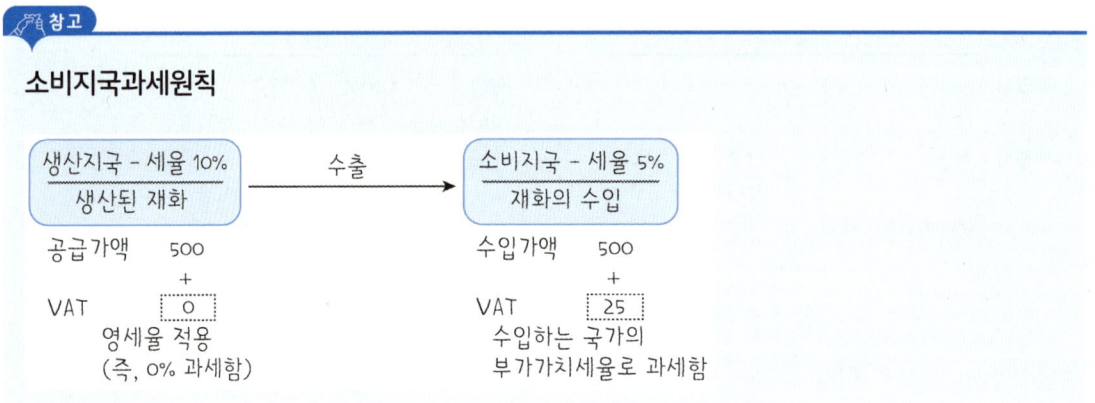

3 영세율과 면세 개념

(1) 영세율

영세율은 국제거래에 있어 소비지국 과세원칙의 실현을 위해 수출하는 재화 등에 0%의 세율을 적용하는 제도이다. 영세율 사업자의 경우 과세표준은 있으나 세율이 0%이므로 매출세액이 '0'(영)이 된다. 그리고 거래의 앞 단계에서 거래징수당한 매입세액은 매출세액에서 공제하여 환급받게 되므로 생산지국인 국내에서는 부가가치세를 과세되지 않게 된다.

따라서, 영세율을 적용하게 되면 해당 거래단계에서 창출된 부가가치 뿐만 아니라 그 이전단계에서 창출된 부가가치에 대해서도 과세하지 않게 되어 영세율을 "완전면세"라고 부르고 있다.

(2) 면세

면세는 자국국민의 세부담역진성 완화를 위해서 기초생활필수품 등의 공급에 부가가치세를 과세하지 않는 제도이다. 면세사업자의 경우 부가가치세법상 납세의무가 없으므로 매입세액 또한 공제받을 수 없다.

따라서, 면세의 경우 해당 면세사업자가 창출한 부가가치에 대해서만 면세가 되고 해당 사업자 이전단계까지 창출된 부가가치에 대해서는 여전히 과세가 되므로 면세를 "부분면세"라고 부르고 있다.

▶ 영세율

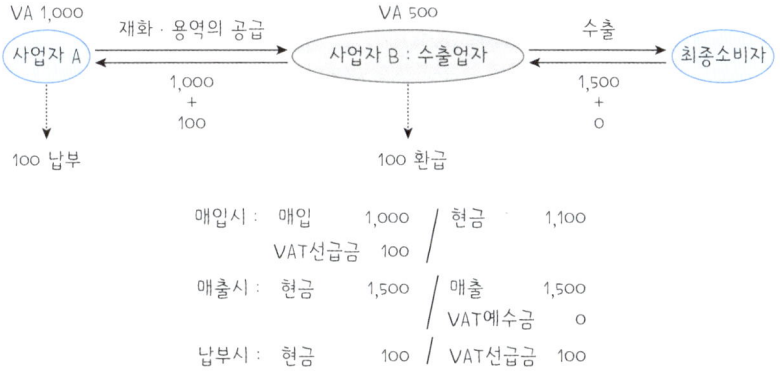

▶ 면세

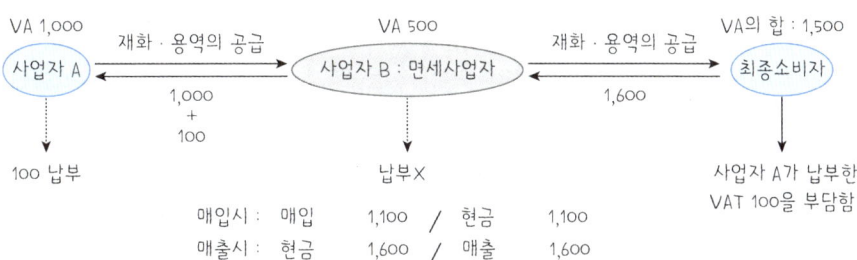

핵심정리 영세율과 면세 비교

구 분	영세율	면 세
취지	소비지국 과세원칙 구현	부가가치세의 역진성 완화
적용범위	주로 수출 등에 적용	주로 기초생필품 등에 적용
기본원리	① 공급받는 자는 거래징수 면함(매출세액 = '0') ② 매입세액을 전액 환급함	① 거래징수 없음(매출세액이 존재×) ② 매입세액이 환급되지 않으므로 다음 단계로 전가됨(매입세액이 매입액에 포함됨)
성격	완전면세	부분면세
사업자의 협력의무	영세율사업자도 납세의무자이므로 부가가치세법상 각종 협력의무를 진다.	면세사업자는 납세의무자가 아니므로 원칙적으로 부가가치세법상 각종 협력의무를 지지 않는다. * 단, 매입처별세금계산서합계표 제출의무 및 대리납부의무는 있다.

참고

주요 면세대상

구 분	내 용

기초생활 필수품	① 미가공 식료품(국내산·외국산 불문)
	  cf 본래의 성질 변화 시 과세(예 발효, 숙성, 추출, 열처리, 조미 → 과세)
	② 국내산 비식용 미가공 농·축·수·임산물(외국산은 과세)
	  cf 본래의 성상(성질과 상태) 변화 시 과세
	③ 수돗물(전기는 과세)
	④ 연탄과 무연탄(유연탄, 착화탄은 과세)
	⑤ 여객운송용역(지하철, 시내버스, 시외고속버스, 일반선박)
	  cf 항공기, 택시, 우등고속버스, 전세버스, 고속철도, 특종선박, 특수자동차, 삭도, 관광유람선 등, 관광 사업을 목적으로 운영하는 일반철도는 과세
	⑥ 주택과 그 부수토지의 임대용역(상가임대용역은 과세)
	⑦ 여성용 생리처리위생용품
	⑧ 영·유아용 기저귀 및 분유

국민후생 문화관련	① 의료보건용역(수의사의 용역 포함) 및 혈액
	  cf 약사가 조제하지 않은 일반의약품 판매는 과세
	  cf 미용목적 성형수술
	② 교육용역(주무관청에 허가·인가를 받거나 등록·신고된 경우에 한하며, 청소년수련시설, 산학협력단, 사회적기업에서의 교육용역 포함)
	  cf 단, 무도학원과 자동차운전학원은 과세
	③ 도서(실내 도서열람 및 도서대여용역 포함)·신문(인터넷 신문 포함)·잡지·관보·뉴스통신 및 방송
	  cf 광고는 과세
	④ 예술창작품·예술행사·문화행사·아마추어운동경기
	  cf 골동품·모조품과 프로경기 입장수입은 과세
	⑤ 도서관·과학관·박물관·미술관·동물원 또는 식물원에의 입장

	cf 단, 오락유흥시설이 있는 동·식물원 입장료와 해양수족관 입장료는 과세 ⑥ 「주택법」에 따라 제공하는 복리시설인 공동주택 어린이집의 임대용역
부가가치 구성요소	① 금융·보험용역 　cf 금융보험업 외의 사업을 하는 자가 주된 사업에 부수하여 금융·보험 용역과 같거나 유 　　사한 용역을 제공하는 경우에도 면세 ② 토지의 공급(토지의 임대는 과세) ③ 일정한 인적용역

4 우리나라 부가가치세제의 특징

구 분	내 용
소비형 부가가치세	일정기간 동안 기업이 생산한 재화나 용역의 매출액에서 중간재와 자본재 매입액을 차감하여 부가가치를 계산한다. 따라서 중간재는 물론 자본재를 매입하면서 부담한 매입세액까지 공제 또는 환급받을 수 있다.
전단계 세액공제법	일정기간 동안의 매출액에 세율을 곱하여 계산한 매출세액에서 중간재 및 자본재 매입액에 세율을 곱하여 계산한 매입세액을 공제하여 납부세액 또는 환급세액을 계산한다. (매출액 × 세율) - (중간재 및 자본재 매입액 × 세율) = 부가가치세
소비지국 과세원칙	수출품에 대해서는 영세율(0%의 세율)을 적용하며 수입품에 대해서는 우리나라의 세관장이 내국물품과 동일하게 부가가치세를 과세한다.
간접세	부가가치세법은 사업자가 재화나 용역을 공급할 때 공급받는 자로부터 부가가치세를 거래징수하여 납부하도록 규정하고 있으므로 부가가치세 납세의무자는 재화나 용역을 공급하는 사업자이지만, 이렇게 징수된 부가가치세는 다음 거래단계로 전가되어 궁극적으로 최종소비자에게 귀착되므로 부가가치세의 담세자는 최종소비자이다.
일반소비세	부가가치세는 면세로 열거된 것을 제외한 모든 재화나 용역의 소비행위에 대해서 과세하는 일반소비세이다. 따라서 특정한 재화 또는 용역의 소비행위에 대해서 과세하는 개별소비세 및 주세와는 구별된다.

5 부가가치세의 납세의무자

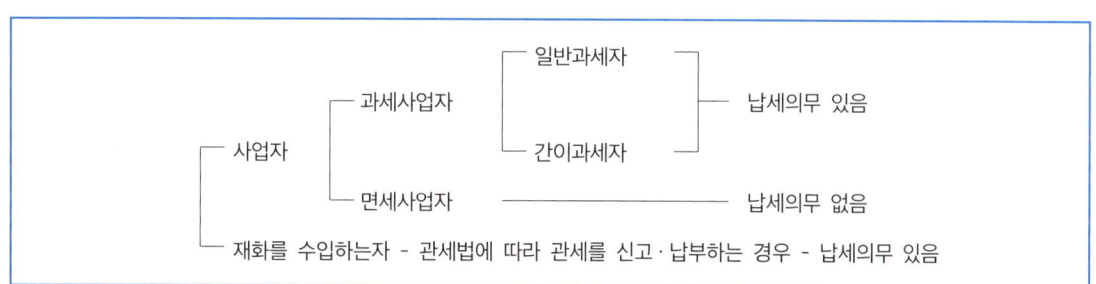

(1) 재화·용역의 공급에 대한 납세의무자

사업자란 영리목적의 유무에 불구하고 사업상 독립적으로 재화 또는 용역을 공급하는 자이다.

(2) 재화를 수입하는 자

재화를 수입하는 자는 사업자여부를 불문하고 납세의무가 있다. 재화를 수입하는 자가 관세법에 따라 관세를 신고·납부하는 경우에는 재화의 수입에 대한 부가가치세를 함께 신고·납부하여야 하며, 관세를 신고·납부하는 경우가 아니면 세관장이 수입자에게 부가가치세를 징수한다.

6 부가가치세의 신고·납부절차

(1) 납세지

구 분	납세의무자	납 세 지
재화·용역의 공급	사업자	사업장 소재지
재화의 수입	재화 수입자	「관세법」에 따라 수입을 신고하는 세관의 소재지

(2) 과세기간

① 과세기간이란 세법에 의한 과세표준과 세액계산의 기준이 되는 단위기간을 말한다. 부가가치세법은 1년을 2과세기간으로 구분하여 각각 6개월을 1과세기간으로 하고 있다.

구 분	신규사업자 (최초과세기간)	계속사업자	폐 업 자 (최종과세기간)
제1기	개시일* ~ 6.30.	1.1. ~ 6.30.	1.1.~ 폐업일
제2기	개시일* ~ 12.31.	7.1. ~ 12.31.	7.1. ~ 폐업일

* 사업개시일 이전에 사업자등록을 신청한 경우에는 그 신청일

② 각 과세기간 중 선 3개월을 예정신고기간, 후 3개월을 과세기간 최종 3월로 구분하고 있다.

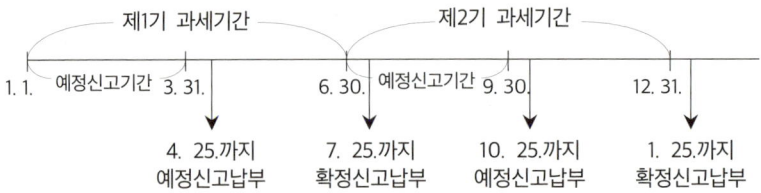

③ 간이과세자의 과세기간은 1월 1일부터 12월 31일까지로 한다. 즉, 1년에 한번만 부가가치세를 신고하면 된다.

(3) 신고납부

① **예정고지납부** : 개인사업자는 사업장 관할세무서장이 각 예정신고기간마다 직전 과세기간에 대한 납부세액의 1/2에 해당하는 금액(1천원 미만의 단수는 버린다)을 결정하여 징수한다.

② **예정신고납부 선택** : 개인사업자 등이라 하더라도 다음의 경우에는 예정신고납부를 선택할 수 있다. 이 경우 예정고지에 따른 결정은 없었던 것으로 본다.
  ㉠ 휴업 또는 사업부진으로 인하여 각 예정신고기간의 공급가액(또는 납부세액)이 직전 과세기간의 공급가액(또는 납부세액)의 1/3에 미달하는 자
  ㉡ 각 예정신고기간분에 대해 조기환급을 받고자 하는 자

③ 예정신고기간에 대하여 고지납부한 개인사업자 등은 확정신고시 해당 과세기간 전체(6개월분)에 대하여 신고하고 예정고지납부세액을 확정신고납부세액에서 공제한다.

④ **예정고지 적용배제**
  ㉠ 소액부징수 : 징수하여야 할 금액이 50만원 미만인 경우
  ㉡ 간이과세자에서 해당 과세기간 개시일 현재 일반과세자로 변경된 경우
  ㉢ 「국세징수법」의 재난 등으로 인한 납부기한등의 연장사유(재난·도난 등으로 재산에 심한 손실, 사업의 부도·도산 우려 등) 중 하나의 사유로 관할 세무서장이 징수하여야 할 금액을 사업자가 납부할 수 없다고 인정되는 경우

⑤ **확정신고와 납부** : 사업자는 각 과세기간에 대한 과세표준과 납부세액(또는 환급세액)을 그 과세기간이 끝난 후 25일(폐업하는 경우에는 폐업일이 속한 달의 다음 달 25일) 이내에 각 사업장관할세무서장에게 신고하고 납부세액을 납부하여야 한다. 다만, 예정신고 및 조기환급신고에 있어서 이미 신고한 내용은 확정신고대상에서 제외하며, 예정신고(조기환급신고)미환급세액과 예정고지세액은 확정신고시 납부세액에서 공제한다.

7 간이과세자

간이과세자는 직전 연도의 재화와 용역의 공급에 대한 대가(부가가치세가 포함된 대가를 말하며, 이하 '공급대가'라 함)의 합계액이 1억400만원에 미달하는 개인사업자에 한하며 다음의 특징을 갖는다.

① 간이과세자는 전단계세액공제법에 따라 매출세액에서 매입세액을 공제하는 대신 공급대가(부가가치세가 포함된 금액임)에 업종별 부가가치율을 적용하여 납부세액을 계산한다.

  일반과세자 납부세액 : 매출세액 − 매입세액
  간이과세자 납부세액 : 공급대가 × 해당 업종의 부가가치율 × 10%

② 간이과세자는 매입세액공제를 받을 수 없다.
③ 환급을 받을 수 없다.
④ 간이과세자의 해당 과세기간에 대한 공급대가의 합계액이 4,800만원 미만이면 납부세액의 납부의무를 면제한다.

CHAPTER 04 부동산 관련 세금에 대해 알아보자

 경기가 호황인 경우뿐만 아니라 경기가 불황인 경우에도 일반 국민들은 주거 문제의 해결 또는 재테크의 일환으로 부동산 투자에 대한 관심이 매우 높은 편이다. 그러나 부동산에 대한 관심도가 높음에도 불구하고, 부동산과 관련한 세금에 대해서는 잘 알지 못하는 경우가 대부분이다.
 부동산 투자를 제대로 하려면 당연히 부동산과 관련된 세금이 어떤 것들이 있는지, 어떻게 과세되는지는 상식적으로 알아두는 것이 좋다.
 본 장에서는 부동산을 취득하는 경우, 부동산을 보유하는 경우 및 부동산을 처분하는 경우에 각각 어떤 과세문제가 있는 지를 알아보기로 한다.

01 부동산을 취득하는 경우

 부동산을 취득하는 경우 납부해야할 세금은 취득세와 그 취득세에 부가되는 농어촌특별세 및 지방교육세이다.
 또한 부동산을 유상으로 취득하는 것이 아니라 상속이나 증여처럼 무상취득하는 경우에는 상속세 및 증여세가 과세되는데, 여기서는 취득세·농어촌특별세·지방교육세의 세율과 취득세의 신고납부기한에 대해서만 알아보기로 한다.

1 취득세 과세표준

 취득세의 과세표준은 취득 당시의 가액으로 한다. 다만, 연부로 취득하는 경우 취득세의 과세표준은 연부금액(매회 사실상 지급되는 금액을 말하며, 취득금액에 포함되는 계약보증금을 포함한다.)으로 한다. 또한, 법인장부나 판결문 등으로 사실상 취득금액이 확인되는 경우에는 그 사실상 취득가격을 과세표준으로 한다.

구 분	과세표준	적용례
유상거래	취득 당시의 거래가액	유상매매
무상이전	시가표준액	상속, 증여, 기부
객관적인 금액이 별도로 확인되는 경우	사실상 취득가액	• 국가 등으로부터의 취득 • 수입에 의한 취득 • 판결문·법인장부에 따라 취득가격이 증명되는 취득 • 공매방법에 의한 취득 • 부동산거래신고서를 제출하여 부동산거래가액 검증이 이루어진 취득

2 취득세 등의 세율

(1) 취득세 등의 세율

부동산 취득시 취득세의 세율은 취득하는 부동산의 종류, 취득의 방법에 따라 다음과 같이 다양하게 되어있다.

구 분		취득세	농어촌 특별세	지방 교육세	합계 세율
상속(농지 외), 신축		2.8%	0.2%	0.16%	3.16%
증여		3.5%	0.2%	0.3%	4%
농지	유상취득	3%	0.2%	0.2%	3.4%
	2년 자경	1.5%	비과세	0.1%	1.6%
	상속	2.3%	0.2%	0.06%	2.56%
주택*	6억원 이하	1%	0.2%	0.1%	1.3%
	6억원 초과 9억원 이하	1%~3%	0.2%	0.2%	1.4% ~ 3.4%
	9억원 초과	3%	0.2%	0.3%	3.5%
농지·주택 이외의 부동산 유상취득		4%	0.2%	0.4%	4.6%

* 서민 주거지원을 위해 전용면적 85㎡ 이하 주택(국민주택)인 경우에는 농어촌특별세가 비과세된다. 즉, 국민주택을 취득하는 경우에는 취득가액 및 주택수와 관계없이 취득세와 지방교육세만 납부하면 되는 것이다.

* 주택의 취득가액이 6억원 초과 9억원 이하인 경우 취득세율 계산법

: (해당 주택의 취득당시가액 $\times \frac{2}{3억원} - 3) \times \frac{1}{100}$

3 취득세의 신고납부기한

취득세는 그 취득한 날부터 60일(상속으로 인한 취득은 상속개시일이 속하는 달의 말일부터 6개월, 상속을 제외한 무상취득은 취득일이 속하는 달의 말일부터 3개월) 이내에 부동산 소재지 등을 관할하는 지방자치단체에 신고납부하여야 한다.

4 부동산 취득에 소요된 자금출처조사

직업·연령·소득 및 재산상태 등으로 보아 해당 부동산을 자신의 능력으로 취득하였다고 인정하기 어려운 경우 또는 채무를 상환했다고 인정하기 어려운 경우에는 재산취득자금 등의 출처를 조사받게 된다. 그 조사결과 재산취득자금의 출처 등을 제시하지 못한 금액에 대해서는 재산취득자금 등을 증여받은 것으로 추정하여 증여세를 부담해야 한다. 다만, 재산취득일 전 또는 채무상환일 전 10년 이내에 주택과 기타재산의 취득가액 및 채무상환금액이 각각 아래 기준에 미달하고, 주택취득자금, 기타재산 취득자금 및 채무상환자금의 합계액이 총액한도 기준에 미달하는 경우에는 자금출처조사를 하지 않는다. 단, 기준금액 이내라 할지라도 취득가액 또는 채무상환금액이 타인으로부터 증여받은 사실이 확인될 경우에는 증여세 과세대상이 된다.

<상속세 및 증여세 사무처리규정 제42조>

구 분	취득재산		채무상환	총액한도
	주 택	기타재산		
30세 미만	5천만원	5천만원	5천만원	1억원
30세 이상	1.5억원	5천만원	5천만원	2억원
40세 이상	3억원	1억원	5천만원	4억원

02 부동산을 보유하고 있는 경우

부동산을 보유하고 있는 경우에는 재산세와 종합부동산세 등 여러 가지 세금을 납부해야하며, 부동산을 보유시 타인에게 임대하는 경우에는 부동산 임대소득이 발생하므로 부동산 임대업으로 사업자등록을 하고 부동산임대업으로 인한 사업소득세를 납부하여야 한다.

1 재산세

재산세는 매년 6월 1일 현재 토지, 건축물, 주택, 선박, 항공기를 보유하는 자에게 부과되는 지방세이다. 이러한 재산세는 관할지방자치단체장이 매년 납세고지서로 부과·징수하는데, 여기에서는 토지, 건축물, 주택에 대한 재산세에 대해서 알아보기로 한다.

▎주택분 재산세

주택이란 세대의 세대원이 장기간 독립된 주거생활을 영위할 수 있는 구조로 된 건축물과 그 부속토지를 말한다. 이러한 주택은 별장과 별장 이외의 일반주택으로 구분되어 각각 주택별로 과세표준에 세율을 곱하여 재산세를 과세한다.

(1) 주택분 재산세의 과세표준

주택분 재산세의 과세표준은 주택에 대한 시가표준액[3])에 60%[2023년도에 납세의무가 성립하는 경우로서 1세대 1주택(시가표준액이 9억원을 초과하는 주택을 포함한다)으로 인정되는 주택에 대해서는 43%~45%]를 곱한 금액으로 한다.

(2) 주택분 재산세의 세율

이 경우 주택을 2인 이상이 공동으로 소유하거나 토지와 건물의 소유자가 다를 경우에는 토지와 건물의 가액을 합산한 과세표준액에 위의 세율을 적용하여야 한다.

구 분	과세표준		세 율
일반주택		6천만원 이하	과세표준액의 0.1%
	6천만원 초과	1억5천만원 이하	6만원 + 6천만원 초과금액의 0.15%
	1억5천만원 초과	3억원 이하	19만5천원 + 1억5천만원 초과금액의 0.25%
	3억원 초과		57만원 + 3억원 초과금액의 0.4%
1세대 1주택 (시가표준액 9억원 이하)		6천만원 이하	과세표준액의 0.05%
	6천만원 초과	1억5천만원 이하	3만원 + 6천만원 초과금액의 0.1%
	1억5천만원 초과	3억원 이하	12만원 + 1억5천만원 초과금액의 0.2%
	3억원 초과		42만원 + 3억원 초과금액의 0.35%

▎건축물분 재산세

건축물이란 상가와 사무실 등의 사업용 건축물을 말하며, 주택과는 다르게 건축물의 부수토지는 건축물에 포함되지 않는다. 이러한 건축물은 건축물별로 과세표준에 세율을 곱하여 건축물에 대한 재산세를 과세한다.

(1) 건축물분 재산세의 과세표준

건축물분 재산세의 과세표준은 건축물에 대한 시가표준액에 70%를 곱한 금액으로 한다.

---

3) 지방세법상 부동산의 시가표준액은 다음과 같다
　① 토지 및 주택에 대한 시가표준액 : 납세의무 성립시기(매년 6월 1일) 당시에 「부동산 가격공시 및 감정평가에 관한 법률」에 따라 공시된 가액(토지는 개별공시지가, 주택은 개별주택가격 또는 공동주택가격)으로 한다.
　② 주택 이외의 건축물에 대한 시가표준액 : 거래가격, 신축 등을 고려하여 정한 기준가격에 종류, 구조, 용도, 경과연수 등 건축물의 특성을 고려하여 행정안전부장관이 정하는 기준에 따라 지방자치단체의 장이 결정한 가액으로 한다.

(2) 건축물분 재산세의 세율

구 분	세 율
골프장·고급오락장용 건축물	과세표준액의 4%
특별시·광역시·시 지역의 주거지역 및 조례로 정하는 지역 내의 공장용 건축물	과세표준액의 0.5%
위 이외의 건축물	과세표준액의 0.25%

▌토지분 재산세

주택에 부수되어 있는 토지를 제외한 토지는 종합합산 과세대상 토지, 별도합산 과세대상 토지, 분리과세대상 토지로 구분하여 재산세를 계산한다.

(1) 과세대상 토지의 구분

구 분	내 용
분리과세대상	• 전·답·과수원 • 임야 • 기준면적 내의 목장용지 • 읍·면지역, 산업단지, 공업지역에 있는 기준면적 내의 공장용 부속토지 • 법 소정의 공급목적 등으로 소유하는 토지 • 골프장용 토지 및 고급오락장용 토지 등
별도합산과세대상	상가나 사무실 등 영업용 건축물에 부속되어 있는 토지 중 기준면적 이내의 토지
종합합산과세대상	분리과세대상 및 별도합산과세대상이 되는 토지를 제외한 토지로서 기준면적을 초과하는 목장용지나 기준면적을 초과하는 공장용지 및 나대지 등을 말한다.

(2) 토지분 재산세의 과세표준

토지분 재산세의 과세표준은 토지에 대한 시가표준액에 70%를 곱한 금액으로 한다.

(3) 토지분 재산세의 세율

① 종합합산 과세대상 토지

해당 지방자치단체의 관할구역에 있는 종합합산 과세대상이 되는 토지의 가액을 모두 합한 금액에 다음의 세율을 곱한다.

과세표준		세 율
	5천만원 이하	과세표준액의 0.2%
5천만원 초과	1억원 이하	10만원 + 5천만원을 초과하는 금액의 0.3%
1억원 초과		25만원 + 1억원을 초과하는 금액의 0.5%

② 별도합산 과세대상 토지

해당 지방자치단체 관할구역에 있는 별도합산 과세대상이 되는 토지의 가액을 모두 합한 금액에 다음의 세율을 곱한다.

과세표준	세율
2억원 이하	과세표준액의 0.2%
2억원 초과 10억원 이하	40만원 + 2억원을 초과하는 금액의 0.3%
10억원 초과	280만원 + 10억원을 초과하는 금액의 0.4%

③ 분리과세대상 토지

분리과세대상이 되는 해당 토지별로 다음의 세율을 곱한다.

과세대상	세율
전·답·과수원, 목장용지, 임야	과세표준액의 0.07%
골프장용 토지·고급오락장용 토지	과세표준액의 4%
일정한 공장용지·공급목적 등의 토지	과세표준액의 0.2%

재산세에 추가로 부과되는 세금

(1) 재산세 도시지역분

도시지역 안에 있는 토지(전·답·과수원, 목장용지, 임야는 제외), 건축물, 주택(이하 '토지 등'이라 함)에 대해서는 재산세를 다음과 같이 계산한다.

재산세액 = (토지 등의 과세표준 × 재산세율) + (토지 등의 과세표준 × 0.14%)

(2) 지역자원시설세(특정부동산에 대한 지역자원시설세)

소방시설, 오물처리시설, 수리시설, 그 밖의 공공시설로 인하여 이익을 받는 자의 건축물 및 토지(이를 '특정부동산'이라고 한다)를 보유하는 자는 다음에 해당하는 특정부동산에 대한 지역자원시설세를 재산세 납세고지서에 재산세와 함께 기재하여 부과·징수한다.

구분	내용
소방시설에 충당하는 지역자원시설세*	건축물(주택의 건축물 부분을 포함)의 일정한 가액에 0.04% ~ 0.12%까지 6단계 초과누진세율을 적용하여 계산

*1. 주유소, 백화점, 호텔, 극장, 4층 이상 10층 이하의 건축물 등 대통령령으로 정하는 화재위험 건축물에 대하여는 소방시설에 충당하는 지역자원시설세를 2배로 한다.
2. 대형마트, 복합상영관(위 1.의 극장은 제외한다), 백화점, 호텔, 11층 이상의 건축물 등 대통령령으로 정하는 대형 화재위험 건축물에 대해서는 지역자원시설세를 3배로 한다.

(3) 지방교육세

재산세액의 20%를 곱한 지방교육세를 재산세 납세고지서에 재산세와 함께 기재하여 부과·징수한다.

▌재산세의 납기

구 분		납 기
토지		매년 9월 16일부터 9월 30일까지
건축물		매년 7월 16일부터 7월 31일까지
주택*	해당연도에 부과·징수할 세액의 50%	매년 7월 16일부터 7월 31일까지
	해당연도에 부과·징수할 세액의 50%	매년 9월 16일부터 9월 30일까지

* 주택은 산출세액이 20만원 이하인 경우에는 납기를 7월 16일부터 7월 31일까지로 하여 한꺼번에 부과·징수할 수 있다.

지방자치단체의 장은 재산세의 납부세액이 250만원을 초과하는 경우에는 납부할 세액의 일부를 납부기한이 지난 날부터 2개월 이내에 분할납부하게 할 수 있다.

2 종합부동산세

종합부동산세는 고액의 부동산 보유자에 대한 과세를 통해 부동산 과다보유를 억제하고 부동산의 가격안정을 도모하기 위한 국세이다. 이러한 종합부동산세는 주택에 대한 과세와 토지에 대한 과세로 구성되는데, 개인별로 매년 6월 1일 현재 주택은 9억원(세대원 중 1인이 해당 주택을 단독으로 소유한 경우로서 1세대 1주택자인 경우에는 12억원), 종합합산 과세대상 토지는 5억원, 별도합산 과세대상 토지는 80억원을 초과하는 자에게만 부과된다.

▌주택분 종합부동산세

주택분 종합부동산세의 납세의무자는 6월 1일 현재 국내에 소유하고 있는 주택분 재산세 과세대상인 주택의 공시가격을 합한 금액이 9억원[과세기준일 현재 세대원 중 1인이 해당 주택을 단독으로 소유한 경우로서 1세대 1주택자(이하 '1세대 1주택자'라 함)인 경우에는 12억원]을 초과하는 자이다. 이 경우 주택의 범위에는 법 소정의 임대주택과 사원용 주택·사원용 기숙사, 미분양주택, 가정어린이집용 주택 등은 제외한다.

1세대 1주택으로 보는 경우(2022.9.15. 개정)

다음 중 어느 하나에 해당하는 경우에는 1세대 1주택으로 본다.
① 1주택(주택의 부수토지만을 소유한 경우는 제외함)과 다른 주택의 부속토지(주택의 건물과 부속토지의 소유자가 다른 경우의 그 부속토지를 말함)를 함께 소유하고 있는 경우
② 1세대 1주택자가 1주택을 양도하기 전에 다른 주택을 대체취득하여 일시적으로 2주택이 된 경우로서 과세기준일 현재 신규주택을 취득한 날부터 2년이 경과하지 않은 경우
③ 1주택과 법 소정의 상속주택을 함께 소유하고 있는 경우. 여기서 법 소정의 상속주택이란 상속을 원인으로 취득한 주택으로서 다음 중 어느 하나에 해당하는 주택을 말한다.
    a. 과세기준일 현재 상속개시일부터 5년이 경과하지 않은 주택
    b. 지분율이 40%이하인 주택
    c. 지분율에 상당하는 공시가격이 6억원(수도권 밖의 지역에 소재하는 주택의 경우에는 3억원)이하인 주택
④ 1주택과 법 소정의 지방 저가주택(공시가격이 3억원이하인 경우로서 수도권, 광역시 및 특별자치시가 아닌 지역에 소재하는 주택)을 함께 소유하고 있는 경우

[취지]

1세대 1주택자가 이사 등을 목적으로 신규 주택을 취득하였으나 종전 주택을 즉시 매각하지 못하여 일시적으로 2주택이 된 경우, 1세대 1주택자가 상속을 원인으로 주택을 취득한 경우, 1세대 1주택자가 소재지 특성상 투기 목적이 없는 지방 저가주택을 추가로 보유하게 된 경우에는 부득이한 사정이 있거나 투기 목적과 관련이 없음에도 1세대 1주택자에서 배제되어 세 부담이 급격히 증가하는 문제가 있었다. 이를 보완하기 위해 2022.9.15.에 종합부동산세법을 개정하였다.

(1) 과세표준 및 세율

주택 과세표준 = (주택 공시가격 − 9억원 또는 12억원) × 공정시장가액비율(60%)

주택분 종합부동산세의 과세표준은 주택의 공시가격에서 9억원(1세대 1주택인 경우에는 12억원, 법인 또는 법인으로 보는 단체는 0원)을 공제한 금액에 공정시장가액비율*을 곱한 금액으로 하며 이에 대한 세율은 다음과 같다. 공정시장가액비율은 2023년도 세법 시행령 개정으로 60%로 하향 조정되었다.

* 종합부동산세의 공정시장가액비율

구 분	2019년	2020년	2021년	2022년
공정시장가액비율	85%	90%	95%	100%

① 납세의무자가 2주택 이하를 소유한 경우

과세표준 = (주택 공시가격 - 9억원*) × 공정시장가액비율		세율
	3억원 이하	0.5%
3억원 초과	6억원 이하	150만원 + (3억원을 초과하는 금액의 0.7%)
6억원 초과	12억원 이하	360만원 + (6억원을 초과하는 금액의 1%)
12억원 초과	25억원 이하	960만원 + (12억원을 초과하는 금액의 1.3%)
25억원 초과	50억원 이하	2천650만원 + (25억원을 초과하는 금액의 1.5%)
50억원 초과	94억원 이하	6천400만원 + (50억원을 초과하는 금액의 2%)
94억원 초과		1억5천200만원 + (94억원을 초과하는 금액의 2.7%)

* 과세기준일 현재 세대원 1인이 해당 주택을 단독으로 소유한 경우로서 1세대 1주택자('1세대 1주택자')인 경우에는 12억원을 공제한다.

② 납세의무자가 3주택 이상을 소유한 경우

과세표준 = (주택 공시가격 - 9억원) × 공정시장가액비율		세율
	3억원 이하	0.5%
3억원 초과	6억원 이하	150만원 + (3억원을 초과하는 금액의 0.7%)
6억원 초과	12억원 이하	360만원 + (6억원을 초과하는 금액의 1%)
12억원 초과	25억원 이하	960만원 + (12억원을 초과하는 금액의 2%)
25억원 초과	50억원 이하	3천560만원 + (25억원을 초과하는 금액의 3%)
50억원 초과	94억원 이하	1억1천60만원 + (50억원을 초과하는 금액의 4%)
94억원 초과		2억8천660만원 + (94억원을 초과하는 금액의 5%)

③ 납세의무자가 법인 또는 법인으로 보는 단체(공공주택사업자 등 제외)인 경우

구 분	세 율
2주택 이하를 소유한 경우	2.7%
3주택 이상을 소유한 경우	5%

(2) 납부세액의 계산

납부세액 = 과세표준 × 세율 - 주택분 재산세의 합계액[*1] - (고령자 세액공제[*2] + 장기보유 세액공제[*3])[*4]
　　　　　(산출세액)

*1. 주택분 재산세의 합계액

$$\text{주택분 재산세로 부과된 세액의 합계액} \times \frac{\text{주택분 종합부동산세 과세표준} \times 60\% \times \text{지방세법 표준세율}}{\text{주택을 합산하여 주택분 재산세 표준세율로 계산한 재산세 상당액}}$$

2. (1) 고령자 세액공제 : 과세기준일인 6월 1일 현재 60세 이상인 '1세대 1주택자'는 산출세액에서 다음에 따른 연령별 공제율을 곱한 금액을 세액공제한다.

연 령	공제율
60세 이상 65세 미만	20%
65세 이상 70세 미만	30%
70세 이상	40%

(2) 상속주택, 지방 저가주택분 등 1세대 1주택으로 보는 경우에 해당하는 주택 등이 있는 경우에는 산출세액에서 상속주택, 지방 저가주택분 등에 해당하는 산출세액을 제외한 금액에 위 표에 따른 연령별 공제율을 곱한 금액으로 한다.

3. (1) 장기보유 세액공제 : '1세대 1주택자'로서 해당 주택을 과세기준일 현재 5년 이상 보유한 자는 산출세액에서 다음에 따른 보유기간별 공제율을 곱한 금액을 세액공제한다.

보유기간	공제율
5년 이상 10년 미만	20%
10년 이상 15년 미만	40%
15년 이상	50%

(2) 상속주택, 지방 저가주택분 등 1세대 1주택으로 보는 경우에 해당하는 주택 등이 있는 경우에는 산출세액에서 상속주택, 지방 저가주택분 등에 해당하는 산출세액을 제외한 금액에 위 표에 따른 보유기간별 공제율을 곱한 금액으로 한다.

4. 고령자 세액공제와 장기보유 세액공제는 공제율 합계 80% 범위에서 중복하여 적용할 수 있다.

(3) 세부담 상한

종합부동산세의 납세의무자가 해당연도에 납부하여야 할 주택분 재산세액상당액과 주택분 종합부동산세액상당액의 합계액(이하에서 "주택에 대한 총세액상당액"이라 함)이 해당 납세의무자에게 직전연도에 해당 주택에 부과된 주택에 대한 총세액상당액의 150%를 초과하는 경우에는 그 초과하는 세액에 대하여는 위 ①, ②에도 불구하고 이를 없는 것으로 본다.

(4) 공동명의 1주택자의 납세의무 등에 관한 특례

과세기준일 현재 세대원 중 1인이 그 배우자와 공동으로 1주택을 소유하고 해당 세대원 및 다른 세대원이 다른 주택을 소유하지 아니한 경우에는 배우자와 공동으로 1주택을 소유한 자 또는 그 배우자 중 주택에 대한 지분율이 높은 사람(지분율이 같은 경우에는 합의에 따른 사람을 말하며, 이하 "공동명의 1주택자"라 한다)를 해당 1주택에 대한 납세의무자로 할 수 있다. 즉, '공동명의 1주택자'를 '1세대 1주택자'로 보아 '1세대 1주택자'인 경우에만 적용할 수 있는 '고령자 세액공제'와 '장기보유 세액공제'를 적용할 수 있다.

▎토지분 종합부동산세

토지에 대한 종합부동산세의 납세의무자는 과세기준일인 6월 1일 현재 토지분 재산세의 납세의무자로서 종합합산과세대상 토지은 공시가격 합계액이 5억원을 초과하는자, 별도합산과세대상 토지는 공시가격 합계액이 80억원을 초과하는 자이다.

(1) 과세표준과 세율

토지에 대한 종합부동산세의 과세표준은 납세의무자별로 해당 과세대상 토지의 공시가격을 합한 금액에서 종합합산과세대상인 경우에는 5억원을 공제한 금액에 공정시장가액비율(2022년도부터 100%)을 곱한 금액으로 하고, 별도합산과세대상인 경우에는 80억원을 공제한 금액에 공정시장가액비율(2022년도부터 100%)을 곱한 금액으로 하며, 세율은 다음과 같다.

① 종합합산과세대상 토지

과세표준 = (토지의 공시가격 - 5억원) × 100%	세 율
15억원 이하	1%
15억원 초과 45억원 이하	1천 500만원 + 15억원 초과분의 2%
45억원 초과	7천 500만원 + 45억원 초과분의 3%

② 별도합산과세대상 토지

과세표준 = (토지의 공시가격 - 80억원) × 100%	세 율
200억원 이하	0.5%
200억원 초과 400억원 이하	1억원 + 200억원 초과분의 0.6%
400억원 초과	2억 2천만원 + 400억원 초과분의 0.7%

(2) 납부세액의 계산

① 종합합산과세대상 토지

$$납부세액 = 과세표준 \times 세율 - 종합합산과세대상\ 토지분\ 재산세$$

* 종합합산과세대상 토지분 과세기준금액(5억원)을 초과하는 금액에 대한 해당 과세대상 토지의 토지분 재산세로 부과된 세액을 말한다.

② 별도합산과세대상 토지

$$납부세액 = 과세표준 \times 세율 - 별도합산과세대상\ 토지분\ 재산세$$

* 별도합산과세대상 토지분 과세기준금액(80억원)을 초과하는 금액에 대한 해당 과세대상 토지의 토지분 재산세로 부과된 세액을 말한다.

(3) 세부담 상한

부동산가액의 급격한 상승으로 인하여 부동산의 보유에 따른 세금인 재산세와 종합부동산세의 세부담이 무거워지는 것을 방지해주기 위하여 당해연도의 과세대상 토지에 대한 재산세와 종합부동산세의 합계액이 전년도 과세대상 토지에 대한 재산세와 종합부동산세의 합계액의 150%를 초과하는 경우에는 그 초과하는 세액은 없는 것으로 본다.

▎납부방법

관할세무서장(개인인 경우에는 주소지, 법인인 경우에는 본점소재지)은 납부하여야 할 종합부동산세액을 결정하여 해당연도 12월 1일부터 12월 15일을 납부기간으로 한 납세고지서로써 부과·징수하여야 한다. 그러나 신고납부를 하고자 하는 납세의무자에게는 신고납부하는 방식을 선택할 수 있도록 하였다. 따라서 신고납부를 하고자 하는 납세의무자는 종합부동산세의 과세표준과 세액을 12월 1일부터 12월 15일까지 관할세무서장에게 신고납부하여야 한다. 또한, 종합부동산세에는 종합부동산세액의 20%가 농어촌특별세로 부과되며, 관할세무서장은 종합부동산세로 납부하여야 할 세액이 250만원을 초과하는 경우에는 그 세액의 일부를 납부기한이 지난 후 6개월 이내에 분납하게 할 수 있다.

3 부동산임대로 인한 소득세

부동산임대를 하면 부동산임대업으로 사업자등록을 하고 부동산임대로 인한 사업소득금액을 계산하고, 제3장에 따라 사업소득자의 과세표준 및 소득세액 계산하여 신고납부하면 된다. 부동산임대로 인한 사업소득금액은 다음과 같이 계산한다.

부동산 임대로 인한 사업소득금액 = 총수입금액(비과세소득 제외) - 필요경비

(1) 부동산임대업의 비과세사업소득

① 논·밭의 임대소득 : 논·밭을 작물생산에 이용하게 함으로 인하여 발생하는 소득
② 주택의 임대소득 : 1개의 주택을 소유하는 자의 주택임대소득에 대해서는 소득세를 과세하지 않는다. 다만, 고가주택(과세기간 종료일 또는 해당 주택 양도일 현재 기준시가가 12억원을 초과하는 주택)의 임대소득과 국외에 소재하는 주택의 임대소득은 주택수에 관계없이 과세한다.

(2) 부동산임대업 관련 총수입금액

구 분	총수입금액
(1) 임대료	① 원칙 : 약정일(약정액) ② 선세금 : 월할 안분계산(초월산입·말월불산입) $$총수입금액 = 선세금 \times \frac{해당\ 과세기간의\ 임대월수^*}{총계약기간의\ 월수^*}$$ * 해당 계약기간의 개시일이 속하는 달이 1개월 미만이면 1개월로 하고, 해당 계약기간의 종료일이 속하는 달이 1개월 미만이면 산입하지 아니한다.

① 주택 외의 부동산과 부동산에 관한 권리를 임대한 경우

추계신고·조사결정	임대보증금 등의 적수 × 정기예금이자율 × $\frac{1}{365(366)}$
일반적인 경우	(임대보증금 등의 적수 − 건설비상당액의 적수) × 정기예금이자율 × $\frac{1}{365(366)}$ − 금융수익(이자·배당)

② 주택과 주택부수토지를 임대하는 경우(주택부수토지만 임대하는 경우 제외)
3주택* 이상을 소유하고 해당 주택의 보증금 등의 합계액이 3억원을 초과하는 경우에만 주택과 주택부수토지임대에 대한 간주임대료를 계산한다.

*1. 소형주택(전용면적이 40㎡ 이하인 주택으로서 해당 과세기간의 기준시가가 2억원 이하인 주택)은 2026.12.31.까지는 주택 수에 포함하지 아니한다.
2. 2026.1.1.부터는 고가주택 2주택자의 보증금이 3억원 이상의 금액으로서 대통령령으로 정하는 금액을 초과하는 경우에도 주택에 대한 간주임대료를 계산한다.

추계신고·조사결정	(임대보증금 등 − 3억원*)의 적수 × 60% × 정기예금이자율 × $\frac{1}{365(366)}$
일반적인 경우	(임대보증금 등 − 3억원*)의 적수 × 60% × 정기예금이자율 × $\frac{1}{365(366)}$ − 금융수익(이자·배당)

* 보증금 등을 받은 주택이 2주택 이상인 경우에는 보증금 등의 적수가 가장 큰 주택의 보증금 등부터 순서대로 뺀다.

③ 기타 주의사항
a. 주택과 부가가치세가 과세되는 사업용건물이 함께 설치되어 있는 경우에는 「부가가치세법」에서 규정한 방법으로 구분하며, 이 경우 주택과 그 부수토지를 2인 이상의 임차인에게 임대한 경우에는 각 임차인의 주택부분의 면적과 사업용건물부분의 면적을 계산하여 각각 적용한다.
b. 임대보증금을 임대개시일 전이나 후에 받았다 하더라도 임대보증금의 적수는 임대개시일부터 계산한다.
c. 부동산을 전전세 또는 전대하는 경우 해당 부동산의 보증금 등은 다음 산식에 따라 계산한 금액으로 한다.

(전전세권자 또는 임차인으로부터 받은 보증금 등 적수 − 해당 부동산을 전세 또는 임차받기 위해 지급한 보증금 등 적수) × $\frac{전전세한 부동산 면적}{전세받은 부동산 면적}$ × $\frac{1}{365(366)}$

d. 건설비상당액은 해당 건축물의 취득가액(토지가액은 제외)을 말하며 자본적 지출은 포함하고 재평가차액 및 감가상각누계액은 제외한다. 그리고 임대일수에 해당하는 기간만 적수계산에 포함하며, 일부만 임대한 경우에 임대면적에 해당하는 부분만 포함함에 주의하여야 한다.
e. 정기예금이자율은 과세기간 종료일 현재 금융회사의 정기예금이자율을 참작하여 기획재정부령으로 정하는 이자율로 한다.
f. 금융수익 : 해당 임대보증금 등으로 취득한 것이 확인되는 금융자산으로부터 해당 과세기간 동안 발생한 수입이자·할인료 및 배당금을 의미하는 것으로 기업회계기준에 의하여 발생주의로 계산한 금액이다.

(3) 관리비
① 원칙 : 약정일(약정액)
② 예외 : 공공요금 대행징수액은 총수입금액에 산입하지 않음(단, 공공요금 납부액을 초과하는 금액은 총수입금액에 산입함)

위의 표에서 (2) 간주임대료 항목이다.

(3) 부동산임대업의 필요경비

부동산임대업의 총수입금액을 얻기 위해 지출한 경비로서 일반사업소득의 필요경비 규정을 준용한다.

03 부동산을 처분한 경우

부동산을 처분하는 경우에는 부동산의 양도로 인한 소득에 대하여 양도소득세가 과세된다. 또한, 앞에서 언급한 바와 같이 양도소득으로 인한 소득세도 양도소득세의 10%에 해당하는 개인 지방소득세가 부과된다. 자세한 내용은 너무 복잡하니 양도소득세 부분의 토지, 건물의 양도와 관련한 부분 중 중요한 부분을 위주로만 설명하기로 한다.

1 양도소득세 과세대상 자산 중 부동산 및 이에 준하는 자산(1그룹)

구 분	내 용
(1) 토지와 건물	
(2) 부동산에 관한 권리	
① 부동산을 이용할 수 있는 권리	지상권, 전세권, 등기된 부동산임차권
② 부동산을 취득할 수 있는 권리	아파트당첨권 등, 토지상환채권, 주택상환채권, 부동산매매계약을 체결한 자가 계약금만 지급한 상태에서 양도하는 권리
(3) 기타자산	
① 특정주식(A)	부동산 등의 비율 50% 이상 & 지분비율 50% 초과 & 3년 이내 총발행주식의 50% 이상을 해당 과점주주 외의 자에게 양도
② 특정주식(B)	부동산 등의 비율 80% 이상 & 골프장·스키장·휴양콘도미니엄 또는 전문휴양시설을 영위하는 법인
③ 시설물 이용권	골프장회원권, 콘도미니엄회원권, 헬스클럽회원권 등
④ 법 소정의 사업용자산과 함께 양도하는 영업권	
⑤ 토지·건물과 함께 양도하는 이축권	

양도소득세 과세대상 자산은 위 1그룹 자산 이외에도 2그룹(주식 및 출자지분), 3그룹(파생상품), 4그룹(신탁 수익권) 자산이 더 존재하지만 이 교재에서는 1그룹 자산 중에서도 토지와 건물의 양도소득세 위주로 설명한다.

2 양도의 범위

(1) 양도의 정의

소득세법상 양도소득세가 과세되는 양도라 함은 자산에 대한 등기 또는 등록에 관계없이 매도·교환·법인에 대한 현물출자 등으로 인하여 그 자산이 유상*으로 사실상 이전되는 것을 말한다. 따라서 미등기된 부동산의 양도라 하더라도 양도소득세를 과세하지만, 자산을 무상으로 이전하는 경우에는 양도소득세가 과세되지 않는다.

* 유상이전 : 매도, 교환, 현물출자, 대물변제, 경매, 수용, 부담부증여 등

(2) 양도로 보지 않는 경우

다음의 경우에는 자산이 유상으로 사실상 이전되었다 하더라도 양도로 보지 않는다.
① 「도시재개발법」 그 밖의 법률에 따른 환지처분으로 지목 또는 지번이 변경되거나 보류지*로 충당되는 경우
② 토지의 경계를 변경하기 위하여 「공간정보의 구축 및 관리 등에 관한 법률」에 따른 토지의 분할 등 법 소정의 방법과 절차로 하는 토지 교환의 경우
③ 위탁자와 수탁자 간 신임관계에 기하여 위탁자의 자산에 신탁이 설정되고 그 신탁재산의 소유권이 수탁자에게 이전된 경우로서 위탁자가 신탁 설정을 해지하거나 신탁의 수익자를 변경할 수 있는 등 신탁재산을 실질적으로 지배하고 소유하는 것으로 볼 수 있는 경우
④ 양도담보
⑤ 법원의 확정판결에 의한 신탁해지를 원인으로 하는 소유권이전등기를 하는 경우
⑥ 매매원인무효의 소에 의하여 그 매매사실이 원인무효로 판시되어 환원될 경우
⑦ 공동소유의 토지를 소유지분별로 단순히 분할만 하는 경우. 다만, 공유지분이 변경되는 경우에는 변경되는 부분은 양도로 본다.
⑧ 소유자산을 경매·공매로 인하여 자기가 재취득하는 경우

* 보류지란 사업시행자가 해당 법률에 의하여 일정한 토지를 환지로 정하지 않고 다음의 토지로 사용하기 위하여 보류한 토지를 말한다.
  ① 해당 법률에 의한 공공용지 및 노인정, 마을회관 등 지역주민생활에 필요한 공동시설 설치
  ② 해당 법률에 의하여 사업구역 내의 토지소유자 또는 관계인에게 그 구역 내의 토지로 사업비용을 부담하게 하는 경우의 당해 토지인 체비지

3 비과세 양도소득

① 파산선고에 의한 처분으로 발생하는 소득
② 농지의 교환 또는 분합으로 발생하는 소득
③ 다음 중 어느 하나에 해당하는 주택(고가주택[*1]은 제외)과 부수토지의 양도로 발생하는 소득
  a. 1세대 1주택
  b. 2주택 이상을 보유하는 경우로서 1세대 1주택으로 보는 특례에 해당하는 주택
④ 조합원입주권을 1개 보유한 1세대[*2]가 다음 중 어느 하나의 요건을 충족하여 조합원입주권을 양도[*3]하여 발생하는 소득
  a. 양도일 현재 다른 주택 또는 분양권을 보유하지 아니할 것
  b. 양도일 현재 1조합원입주권 외에 1주택을 소유한 경우(분양권을 보유하지 아니한 것으로 한정)로서 해당 1주택을 취득한 날부터 3년 이내에 해당 조합원입주권을 양도할 것[*4]
⑤ 「지적재조사에 관한 특별법」에 따른 경계의 확정으로 지적공부상의 면적이 감소되어 같은 법에 따라 지급받는 조정금

*1. 고가주택 : 양도당시 실지거래가액의 합계액이 12억원을 초과하는 주택 및 그 부수토지
 2. 조합원입주권을 1개 보유한 1세대란 「도시 및 주거환경정비법」에 따른 관리처분계획의 인가일 및 「빈집 및 소규모주택 정비에 관한 특례법」에 따른 사업시행계획인가일(인가일 전에 기존주택이 철거되는 때에는 기존주택의 철거일) 현재 비과세 요건을 충족한 1세대 1주택에 해당하는 기존주택을 소유하는 세대를 말한다.
 3. 해당 조합원입주권의 양도당시의 실지거래가액의 합계액이 12억원을 초과하는 경우에는 양도소득세를 과세한다.
 4. 해당 1주택을 취득한 날부터 3년 이내에 양도하지 못하는 경우로서 주택을 취득한 날부터 3년이 되는 날 현재 다음 중 어느 하나에 해당하는 경우에는 비과세대상으로 한다.
   ① 한국자산관리공사에 매각을 의뢰한 경우
   ② 법원에 경매를 신청한 경우
   ③ 「국세징수법」에 따른 공매가 진행중인 경우
   ④ 재개발사업, 재건축사업 또는 소규모재개발사업 등의 시행으로 「도시 및 주거환경정비법」 또는 「빈집 및 소규모주택 정비에 관한 특례법」에 따라 현금으로 청산을 받아야 하는 토지등소유자가 사업시행자를 상대로 제기한 현금청산금 지급을 구하는 소송절차가 진행 중인 경우 또는 소송절차는 종료되었으나 해당 청산금을 지급받지 못한 경우
   ⑤ 재개발사업, 재건축사업 또는 소규모재개발사업 등의 시행으로 「도시 및 주거환경정비법」 또는 「빈집 및 소규모주택 정비에 관한 특례법」에 따라 사업시행자가 같은 법에 따른 토지등소유자를 상대로 신청·제기한 수용재결·매도청구소송 절차가 진행 중인 경우 또는 재결이나 소송절차는 종료되었으나 토지등소유자가 해당 매도대금 등을 지급받지 못한 경우

4 1세대 1주택의 양도소득에 대한 비과세

'1세대 1주택'이란 거주자 및 그 배우자가 그들과 동일한 주소 또는 거소에서 생계를 같이 하는 가족과 함께 구성하는 1세대가 양도일 현재 국내에 1주택을 보유하고 있는 경우로서 해당 주택의 보유기간이 2년 이상인 주택(다만, 취득 당시에 조정대상지역에 있는 주택의 경우에는 해당 주택의 보유기간이 2년 이상이고 그 보유기간 중 거주기간이 2년 이상인 주택*)을 말한다.

* 취득 당시에 조정대상지역에 있는 주택으로서 해당 주택이 공동상속주택인 경우 거주기간은 해당 주택에 거주한 공동상속인의 거주기간 중 가장 긴 기간으로 한다.

(1) 1세대 요건

구 분	내 용
원칙	1세대는 거주자 및 그 배우자(법률상 이혼을 하였으나 생계를 같이 하는 등 사실상 이혼한 것으로 보기 어려운 관계에 있는 사람을 포함함. 이하 같음)가 그들과 같은 주소 또는 거소에서 생계를 같이 하는 가족과 함께 구성하는 집단을 말한다.
특례	다음 중 어느 하나에 해당하는 경우 배우자가 없는 때에도 1세대로 본다. ① 해당 거주자의 나이가 30세 이상인 경우 ② 배우자가 사망하거나 이혼한 경우 ③ 기획재정부령으로 정하는 소득*이 「국민기초생활 보장법」에 따른 기준 중위소득을 12개월로 환산한 금액의 40% 이상으로서 소유하고 있는 주택 또는 토지를 관리·유지하면서 독립된 생계를 유지할 수 있는 경우. 다만, 미성년자의 경우를 제외하되, 미성년자의 결혼, 가족의 사망 등으로 1세대의 구성이 불가피한 경우에는 그러하지 아니하다. * 기획재정부령으로 정하는 소득이란 사업소득, 근로소득, 기타소득(저작권 수입·강연료 등 인적용역의 대가만 포함) 등 경상적·반복적 소득을 말한다.

(2) 1주택 요건

1) 원칙 : 양도일 현재 국내에 1주택만을 보유하여야 한다.

구 분	내 용	
① 주택	주택이란 허가여부나 공부상의 용도구분과 관계없이 세대의 구성원이 독립된 주거생활을 할 수 있는 구조로서 대통령령으로 정하는 구조(세대별로 출입구·취사시설·욕실 등이 별도로 설치)를 갖추어 사실상 주거용으로 사용하는 건물을 말한다. 이 경우 그 용도가 분명하지 아니하면 공부상의 용도에 따르며, 주택에 딸린 토지로서 건물이 정착된 면적에 다음의 배율을 곱하여 산정한 면적 이내의 토지(주택부수토지)를 포함한다.	
	구 분	주택부수토지의 범위

	도시지역 내의 토지	건물정착면적의 일정 배율*
		* 일정배율
		  ① 수도권 내의 토지
		    a. 주거·상업·공업지역 : 3배
		    b. 녹지지역 : 5배
		  ② 수도권 밖의 토지 : 5배

	도시지역 밖의 토지	건물정착면적의 10배
② 조합원 입주권	조합원입주권 보유시 비과세 적용배제 : 1세대가 1주택과 조합원입주권을 보유하다가 주택을 양도하는 경우에는 비과세의 적용을 배제한다(조합원입주권 → 주택수 포함).	

③ 겸용주택	하나의 건물이 주택과 주택 외의 부분으로 복합되어 있는 경우에는 다음과 같이 판단한다.		

구 분	건 물	주택부수토지
주택면적 > 주택 외 건물면적	전부를 주택으로 봄	Min[①, ②] ① 전체 토지면적 ② 건물정착면적 × 배율
주택면적 ≤ 주택 외 건물면적	주택부분만 주택으로 보고, 주택외의 부분은 주택으로 보지 않음	Min[①, ②] ① 전체 토지면적 × $\dfrac{주택\ 연면적}{건물\ 연면적}$ ② 주택정착면적 × 배율

④ 공동 소유주택
1주택을 여러 사람이 공동으로 소유한 경우 특별한 규정이 있는 것 외에는 주택 수를 계산할 때 공동 소유자 각자가 그 주택을 소유한 것으로 본다.

⑤ 공동 상속주택
공동상속주택*(상속으로 여러 사람이 공동으로 소유하는 1주택을 말함) 외의 다른 주택을 양도하는 때에는 해당 공동상속주택은 해당 거주자의 주택으로 보지 아니한다. 다만, 상속지분이 가장 큰 상속인의 경우에는 그러하지 아니하며, 상속지분이 가장 큰 상속인이 2명 이상인 경우에는 그 2명 이상의 사람 중 [① 당해 주택에 거주하는 자 → ② 최연장자] 순서에 해당하는 사람이 그 공동상속주택을 소유한 것으로 본다.

* 피상속인이 상속개시 당시 2 이상의 주택을 소유한 경우에는 다음 '2) 특례'의 '상속시 2주택' 규정의 순위를 준용한 것을 공동상속주택으로 한다.

⑥ 다가구주택
다가구주택은 한 가구가 독립하여 거주할 수 있도록 구획된 부분을 각각 하나의 주택으로 본다. 다만, 해당 다가구주택을 구획된 부분별로 양도하지 아니하고 하나의 매매단위로 하여 양도하는 경우에는 그 전체를 하나의 주택으로 본다.

⑦ 고가주택
1세대 1주택이라 하더라도 고가주택의 경우에는 비과세에서 제외한다.(양도차익 등의 구체적인 계산은 ⑤ 양도소득과세표준의 계산 참조) 여기서 고가주택이란 주택 및 이에 딸린 토지의 양도 당시 실지거래가액의 합계액이 12억원을 초과하는 주택을 말하며, 고가주택 여부 판정시 다음을 주의하여야 한다.

① 1주택 및 이에 딸린 토지의 일부를 양도하거나 일부가 타인 소유인 경우로서 실지거래가액 합계액에 양도하는 부분(타인 소유부분을 포함한다)의 면적이 전체 주택면적에서 차지하는 비율을 나누어 계산한 금액이 12억원을 초과하는 경우에는 고가주택으로 본다.

실지거래가액의 합계액 ÷ $\dfrac{양도하는\ 부분(타인\ 소유부분\ 포함)의\ 면적}{전체\ 주택면적}$ > 12억원 → 고가주택

② 하나의 건물이 주택과 주택외의 부분으로 복합되어 있는 경우와 주택에 딸린 토지에 주택외의 건물이 있는 경우로서(즉, 겸용주택으로서) 그 전부를 주택으로 보는 경우에 고가주택에 해당하는지 여부는 주택으로 보는 부분(이에 부수되는 토지를 포함한다)에 해당하는 실지거래가액을 포함하여 판단한다.

③ 단독주택으로 보는 다가구주택의 경우에는 그 전체를 하나의 주택으로 보아 고가주택에 해당하는지의 여부를 판단한다.

2) 특례 : 일정한 경우 2주택을 보유한 경우에도 1세대 1주택으로 보아 비과세한다.

구 분	내 용
일시적 2주택	종전 주택을 취득한 날부터 1년 이상이 지난 후 신규 주택을 취득[*1]하고 신규 주택을 취득한 날부터 3년 이내에 종전의 주택을 양도[*2]하는 경우에는 이를 1세대 1주택으로 보아 비과세여부를 판정한다. *1. 후술하는 '보유기간 및 거주기간의 제한을 받지 않는 특례'의 ①, ②, ③ 중 어느 하나에 해당하는 경우에는 종전의 주택을 취득한 날부터 1년 이상이 지난 후 다른 주택을 취득하는 요건을 적용하지 않는다. 2. 3년 이내에 양도하지 못하는 경우로서 다음 중 어느 하나에 해당하는 경우를 포함한다. ① 「금융회사부실자산 등의 효율적 처리 및 한국자산관리공사의 설립에 관한 법률」에 따라 설립된 한국자산관리공사에 매각을 의뢰한 경우 ② 법원에 경매를 신청한 경우 ③ 「국세징수법」에 따른 공매가 진행 중인 경우 ④ 재개발사업, 재건축사업 또는 소규모재건축사업의 시행으로 인한 법 소정의 소송절차가 진행 중인 경우 등
상속시 2주택	상속받은 주택과 그 밖의 주택(일반주택)을 국내에 각각 1개씩 소유하고 있는 1세대가 일반주택을 양도하는 경우에는 국내에 1개의 주택을 소유하고 있는 것으로 보아 1세대 1주택 비과세 규정을 적용한다.
직계존속의 동거봉양을 위한 일시적 2주택	다음의 '법 소정 직계존속'(이하 같음)을 동거봉양을 위하여 세대를 합친 날부터 10년 이내에 먼저 양도하는 주택은 1세대 1주택으로 보아 비과세 규정을 적용한다. ① 배우자의 직계존속으로서 60세 이상인 사람 ② 직계존속(배우자의 직계존속을 포함한다) 중 어느 한 사람이 60세 미만인 경우 ③ 60세 미만의 직계존속(배우자의 직계존속을 포함한다)으로서 중증질환자, 희귀난치성 질환을 가진 사람 또는 결핵 질환을 가진 사람에 해당하여 보건복지부장관이 정하는 요양급여를 받는 사람
혼인으로 인한 일시적 2주택	1주택 보유자(1주택을 보유하고 있는 '법 소정 직계존속'을 동거봉양하는 무주택자 포함)가 1주택을 보유한 자와 혼인함으로써 1세대가 2주택을 보유하게 되는 경우 그 혼인한 날부터 5년 이내에 먼저 양도하는 주택은 1세대 1주택으로 보아 비과세 규정을 적용한다.
취학, 근무상의 형편, 질병의 요양시 2주택	법 소정의 취학, 근무상의 형편, 질병의 요양, 학교폭력의 피해로 인한 전학 그 밖에 부득이한 사유(이하 '부득이한 사유'라 한다)로 취득한 수도권 밖에 소재하는 주택과 그 밖의 주택(일반주택)을 국내에 각각 1개씩 소유하고 있는 1세대가 부득이한 사유가 해소된 날부터 3년 이내에 일반주택을 양도하는 경우에는 국내에 1개의 주택을 소유하고 있는 것으로 보아 1세대 1주택에 관한 비과세규정을 적용한다.
지정문화재인 주택에 대한 특례	지정문화재 및 등록문화재인 주택과 일반주택을 국내에 각각 1개씩 소유하고 있는 1세대가 일반주택을 양도하는 경우에는 국내에 1개의 주택을 소유하고 있는 것으로 보아 1세대 1주택에 관한 비과세규정을 적용한다.
농어촌주택에 대한 특례	농어촌주택과 그 외의 일반주택을 국내에 각각 하나씩 소유하고 있는 1세대가 일반주택을 양도하는 경우에는 국내에 1주택을 소유하고 있는 것으로 보아 1세대 1주택에 관한 비과세규정을 적용한다. 다만, 농어촌주택이 영농 또는 영어의 목적으로 취득한 귀농주택인 경우에는 그 주택을 취득한 날부터 5년 이내에 일반주택을 양도하는 경우에 한하여 이 특례를 적용한다.

구분	내용
장기임대주택 등에 대한 특례	장기임대주택 또는 장기어린이집과 그 밖의 1주택(거주주택)을 국내에 소유하고 있는 1세대가 다음의 요건을 충족하고 거주주택을 양도하는 경우에 대하여는 이를 1주택의 양도로 보아 비과세 적용여부를 판단한다(단, 장기임대주택을 보유한 경우에는 생애 한차례만 거주주택을 최초로 양도하는 경우에 한정함). ① 거주주택 : 보유기간 중 거주기간이 2년 이상일 것 ② 장기임대주택 : 양도일 현재 소득세법에 따른 사업자등록을 하고, 장기임대주택을 「민간임대주택에 관한 특별법」에 따라 민간임대주택으로 등록하여 임대하고 있으며, 임대보증금 또는 임대료의 연 증가율이 5%를 초과하지 않을 것. ③ 장기어린이집: 양도일 현재 소득세법에 따라 사업자등록을 하고, 장기어린이집을 운영하고 있을 것
장기저당담보주택에 대한 특례	1주택을 소유하고 1세대를 구성하는 자가 장기저당담보주택을 소유하고 있는 직계존속(배우자의 직계존속 포함)을 동거봉양하기 위하여 세대를 합침으로써 1세대가 2주택을 소유하게 되는 경우 먼저 양도하는 주택에 대해서는 국내에 1개의 주택을 소유하고 있는 것으로 보아 1세대 1주택에 관한 비과세규정을 적용하되, 장기저당담보주택은 거주기간의 제한을 받지 아니한다.

(3) 2년 이상 보유요건

구 분	내 용
원칙	보유기간(취득일부터 양도일까지)이 2년 이상(다음의 ②에 해당하는 경우 3년)이어야 한다. 다만, 보유기간 계산시 다음의 경우에는 해당 보유기간을 통산하며, 취득 당시에 조정대상지역에 있는 법소정의 주택의 경우에는 그 보유기간 중 거주기간이 2년 이상이어야 한다. ① 보유 중에 노후 등으로 멸실되어 재건축한 주택의 경우 그 멸실된 주택과 재건축한 주택의 보유기간 ② 비거주자가 3년 이상 보유하고 그 주택에서 거주한 상태로 거주자로 전환된 경우 해당 주택에 대한 보유기간 ③ 상속받은 주택으로서 상속인과 피상속인이 상속 개시 당시 동일 세대인 경우에는 상속 개시 전에 상속인과 피상속인이 동일 세대로 거주하고 보유한 기간
특례 Ⅰ	다음의 경우에는 보유기간 및 거주기간의 제한을 받지 아니한다. ① 민간건설임대주택 또는 공공건설임대주택 또는 공공매입임대주택을 취득하여 양도한 경우[세대전원이 거주(부득이한 사유로 세대 구성원 중 일부가 거주하지 못하는 경우 포함)한 기간이 5년 이상인 경우] ② 공공사업용으로 수용된 경우(사업인정고시일 전에 취득한 것에 한하며 수용일로부터 5년 이내에 양도하는 그 잔존주택을 포함함) ③ 취학 등 부득이한 사유로 세대 전원이 다른 시·군으로 주거를 이전하면서 양도한 경우(거주기간 1년 이상인 경우) ④ 해외이주로 세대 전원이 출국하고 출국일부터 2년 이내에 양도한 경우 ⑤ 1년 이상 계속 국외거주를 필요로 하는 취학·근무상 형편으로 세대 전원이 출국하고 출국일부터 2년 이내에 양도한 경우
특례 Ⅱ	다음의 경우에는 거주기간의 제한을 받지 아니한다. 거주자가 조정대상지역의 공고가 있은 날 이전에 매매계약을 체결하고 계약금을 지급한 사실이 증명서류에 의하여 확인되는 경우로서 해당 거주자가 속한 1세대가 계약금 지급일 현재 주택을 보유하지 아니하는 경우

5 양도소득 과세표준의 계산

```
    양 도 가 액
  - 취 득 가 액
  - 필 요 경 비
  = 양 도 차 익        →    자산별로 구분계산
  - 장기보유특별공제    →    양도차익 × (6% ~ 30%, 24% ~ 80%)
  = 양 도 소 득 금 액
  - 양도소득기본공제    →    그룹별로 각 250만원
  = 양 도 소 득 과 세 표 준   →    세율 구분별로 계산
```

(1) 양도가액과 취득가액의 산정

양도소득세 과세대상자산의 양도가액과 취득가액은 양도당시와 취득당시의 실지거래가액(양도자와 양수자 간 실제로 거래한 가액)으로 계산하되, 실지거래가액을 인정 또는 확인할 수 없는 경우에는 추계의 방법을 순차로 적용하여 양도가액 또는 취득가액으로 한다.

구 분	실지거래가액이 확인되는 경우	실지거래가액이 확인되지 않는 경우
양도가액	실지거래가액	매매사례가액[*1] → 감정가액[*2] → 기준시가
취득가액	실지거래가액	매매사례가액 → 감정가액 → 환산취득가액[*3], 기준시가[*4]

*1. 매매사례가액이란 양도일 또는 취득일 전후 각 3개월 이내에 해당 자산(주권상장법인의 주식 등은 제외)과 동일성 또는 유사성이 있는 자산의 매매사례가 있는 경우 그 가액을 말한다.
2. 감정가액이란 양도일 또는 취득일 전후 각 3개월 이내에 해당 자산(주식 등을 제외)에 대하여 둘 이상의 감정평가업자가 평가한 것으로서 신빙성이 있는 것으로 인정되는 감정가액(감정평가기준일이 양도일 또는 취득일 전후 각 3개월 이내인 것에 한함)이 있는 경우에는 그 감정가액의 평균액을 말한다. 다만, 기준시가가 10억원 이하인 자산(주식등을 제외함)의 경우에는 양도일 또는 취득일 전후 각 3개월 이내에 하나의 감정평가업자가 평가한 것으로서 신빙성이 있는 것으로 인정되는 경우 그 감정가액(감정평가기준일이 양도일 또는 취득일 전후 각 3개월 이내인 것에 한정한다)으로 한다.
3. 환산취득가액이란 양도당시 실지거래가액·매매사례가액·감정가액 × $\dfrac{\text{취득시 기준시가}}{\text{양도시 기준시가}}$ 을 말한다.
4. 양도가액을 기준시가로 한 경우에만 취득가액도 기준시가에 의한다.
5. 매매사례가액 또는 감정가액이 특수관계인과의 거래에 따른 가액 등으로서 객관적으로 부당하다고 인정되는 경우에는 해당 가액을 적용하지 아니한다.

사례 01 양도가액 및 취득가액

다음은 거주자 갑이 2024년에 양도한 자산의 내역이다. 자료를 참조하여 각 자산별로 양도가액과 취득가액을 산정하시오.

구 분	토지A	건 물	아파트당첨권
(1) 양도당시			
① 실지거래가액	-	-	-
② 매매사례가액	₩80,000,000	₩60,000,000	-
③ 감정가액	75,000,000	-	-
④ 기준시가	60,000,000	50,000,000	₩20,000,000
(2) 취득당시			
① 실지거래가액	₩50,000,000	-	-
② 매매사례가액	-	-	-
③ 감정가액	45,000,000	-	₩15,000,000
④ 기준시가	42,000,000	₩20,000,000	14,000,000

해설

구 분	토지A	건 물	아파트당첨권
(1) 양도가액			
① 결정방법	매매사례가액	매매사례가액	기준시가
② 가액	₩80,000,000	₩60,000,000	₩20,000,000
(2) 취득가액			
① 결정방법	실지거래가액	환산취득가액	기준시가
② 가액	₩50,000,000	₩24,000,000	₩14,000,000

(1) 토지

양도가액이 매매사례가액으로 결정되었으므로 취득가액은 실지거래가액으로 한다.

(2) 건물

양도가액이 매매사례가액으로 결정되었으나, 취득당시 실지거래가액, 매매사례가액, 감정가액을 알 수 없으므로 취득가액은 환산취득가액으로 한다.

환산취득가액 = ₩60,000,000 × $\dfrac{₩20,000,000}{₩50,000,000}$ = ₩24,000,000

(3) 아파트당첨권

양도가액이 기준시가로 결정된 경우에는 취득가액은 무조건 기준시가로 한다.

(2) 기타 필요경비의 산정

1) 취득가액이 실지거래가액으로 적용된 경우

취득가액이 실지거래가액으로 결정된 경우에는 자본적 지출액 등(그 지출에 관한 세금계산서 등 적격증명서류를 수취·보관하거나 실제 지출사실이 금융거래증명서류에 의하여 확인되는 경우에 한함)과 양도비용을 필요경비로 하여 양도차익을 계산한다.

자본적 지출액 등	양도비용
① 자본적지출액 ② 양도자산을 취득한 후 쟁송이 있는 경우에 그 소유권을 확보하기 위하여 직접 소요된 소송비용·화해비용 등의 금액(그 지출한 연도의 각 소득금액의 계산에 있어서 필요경비에 산입된 것을 제외한 금액) ③ 「공익사업을 위한 토지 등의 취득 및 보상에 관한 법률」이나 그 밖의 법률에 따라 토지 등이 협의매수 또는 수용되는 경우 그 보상금의 증액과 관련하여 직접 소요된 소송비용·화해비용 등의 금액(증액보상금을 한도로 하며 그 지출한 연도의 각 소득금액의 계산에 있어서 필요경비에 산입된 것을 제외한 금액) ④ 양도자산의 용도변경·개량 또는 이용편의를 위하여 지출한 비용(재해·노후화 등 부득이한 사유로 인하여 건물을 재건축한 경우 그 철거비용을 포함함) ⑤ 개발부담금, 재건축부담금	① 증권거래세 ② 양도소득세 과세표준 신고서 작성비용·계약서 작성비용 ③ 공증비용·인지대·소개비 ④ 매매계약에 따른 인도의무를 이행하기 위해 양도자가 지출하는 명도비용 ⑤ ①~④의 비용과 유사한 비용 ⑥ 토지·건물을 취득함에 있어서 법령 등의 규정에 따라 매입한 국민주택채권 및 토지개발채권을 만기 전에 양도함으로써 발생하는 매각차손(단, 금융회사 외의 자에게 양도한 경우에는 동일한 날에 금융회사에 양도하였을 경우 발생하는 매각차손을 한도로 함.)

2) 취득가액이 실지거래가액 이외의 가액으로 적용된 경우

취득가액이 매매사례가액·감정가액·환산취득가액·기준시가로 결정된 경우에는 필요경비개산공제액을 필요경비로 하여 양도차익을 계산한다.

구 분	필요경비개산공제액
(1) 토지와 건물	취득당시의 기준시가 × 3% (미등기양도자산은 0.3%)
(2) 부동산에 관한 권리 ① 부동산을 이용할 수 있는 권리	취득당시의 기준시가 × 7% (미등기양도자산은 1%)
② 부동산을 취득할 수 있는 권리 (3) 기타자산 (4) 주 식	취득당시의 기준시가 × 1%

*1. 취득가액을 환산취득가액으로 하는 경우로서 다음 ①의 금액이 ②의 금액보다 적은 경우에는 ①의 금액 대신 ②의 금액으로 할 수 있다. 즉, 세부담 최소화 가정인 경우 Max[①, ②]를 취득가액 및 필요경비로 할 수 있다.
① 환산취득가액 + 필요경비개산공제액
② 자본적지출액 + 양도비용
2. 취득당시의 실지거래가액을 인정 또는 확인할 수 없어 매매사례가액이나 감정가액 또는 환산취득가액에 의하는 경우 및 간주취득가액을 적용하는 경우에는 자본적 지출액과 양도비용을 필요경비로 공제하지 아니하고 필요경비개산공제를 적용하며, 이 경우의 필요경비개산공제는 취득당시의 기준시가를 기준으로 계산한다.

▶ 양도가액 & 취득가액 & 기타필요경비

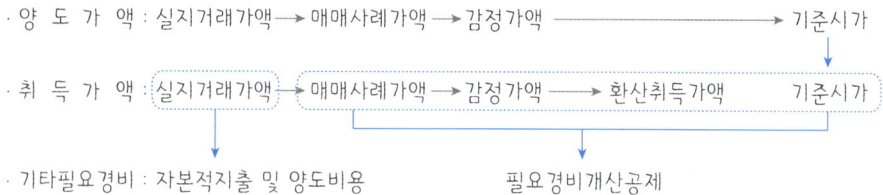

사례 02 양도차익의 계산

사례 1의 자료에 다음의 자료를 추가하여 각 자산별로 양도차익을 계산하시오.

구 분	토지A(등기)	건물(등기)	아파트당첨권
(1) 자본적지출액	₩5,000,000	₩22,000,000	-
(2) 양도비용 등	₩2,000,000	₩3,000,000	₩500,000

해설 (1) 토지A
취득가액이 실지거래가액으로 결정되었으므로 필요경비는 실제로 발생한 자본적지출액와 양도비용으로 한다.
양도차익 = ₩80,000,000 - ₩50,000,000 - ₩7,000,000 = ₩23,000,000

(2) 건물
취득가액이 환산취득가액으로 결정되었으므로 환산취득가액과 필요경비개산공제액을 합한 금액을 자본적지출액과 양도비용을 합한 금액과 비교하여 더 큰 금액을 양도가액에서 차감한다.
양도차익 = ₩60,000,000 - Max [①, ②] = ₩35,000,000
① 환산취득가액 + 필요경비개산공제 = ₩24,000,000 + ₩600,000* = ₩24,600,000
  * 필요경비개산공제 = ₩20,000,000 × 3% = ₩600,000
② 자본적지출액 + 양도비용 = ₩22,000,000 + ₩3,000,000 = ₩25,000,000

(3) 아파트당첨권
취득가액이 기준시가로 결정되었으므로 필요경비는 필요경비개산공제액으로 한다.
양도차익 = ₩20,000,000 - ₩14,000,000 - ₩14,000,000 × 1% = ₩5,860,000

(3) 장기보유특별공제

장기보유특별공제액은 ① 토지·건물(미등기양도자산과 조정대상지역에 있는 주택으로서 1세대 2주택에 해당하는 주택 등 법 소정의 주택*은 제외)로서 보유기간이 3년 이상인 것 및 ② 조합원입주권(조합원으로부터 취득한 것은 제외)에 대하여 그 자산의 양도차익에 보유기간별 공제율 등을 곱하여 계산한다.

* 조정대상지역에 있는 주택으로서 1세대 2주택에 해당하는 주택 등 법 소정의 주택(양도소득세 세율의 <참고> 참조할 것)은 장기보유특별공제가 배제된다.
  단, 보유기간이 2년 이상인 조정대상지역에 1세대 2주택 이상에 해당하는 법 소정의 주택을 2022.5.10. ~ 2025.5.9.까지 양도하는 경우에는 장기보유특별공제를 적용한다.(한시적 규정)

① 일반자산의 장기보유특별공제액

장기보유특별공제 대상이 되는 자산의 장기보유특별공제액은 다음과 같이 계산한다.

일반자산의 장기보유특별공제액 = 대상자산의 양도차익* × 보유기간별 공제율

* 조합원입주권을 양도하는 경우 「도시 및 주거환경정비법」에 따른 관리처분계획 인가 전 토지분 또는 건물분의 양도차익으로 한정한다.

보유기간	공제율(2배수)	보유기간	공제율(2배수)
3년 이상 4년 미만	6%	10년 이상 11년 미만	20%
4년 이상 5년 미만	8%	11년 이상 12년 미만	22%
5년 이상 6년 미만	10%	12년 이상 13년 미만	24%
6년 이상 7년 미만	12%	13년 이상 14년 미만	26%
7년 이상 8년 미만	14%	14년 이상 15년 미만	28%
8년 이상 9년 미만	16%	15년 이상	30%
9년 이상 10년 미만	18%		

* 보유기간
  ① 일반적인 경우 : 해당 자산의 취득일로부터 양도일(조합원입주권은 기존 건물과 그 부수토지의 취득일부터 관리처분계획인가일)까지의 기간
  ② 상속받은 자산 : 상속개시일부터 양도일까지
  ③ 배우자 등으로부터 증여받은 자산을 양도하여 이월과세규정이 적용되는 경우 : 증여한 배우자 등이 해당 자산을 취득한 날부터 양도일까지
  ④ 가업상속공제가 적용되어 그 이월과세가 적용된 비율에 해당하는 자산의 경우 : 피상속인이 해당 자산을 취득한 날부터 양도일까지

② 법 소정의 1세대 1주택에 대한 장기보유특별공제액

법 소정의 1세대 1주택*의 장기보유특별공제액 = 대상자산의 양도차익 × (보유기간별 공제율 + 거주기간별 공제율)

* 법 소정의 1세대 1주택이란 1세대가 양도일 현재 국내에 1주택(1세대 2주택에 대한 비과세 특례규정 등에 따라 1세대 1주택으로 보는 주택을 포함함)을 보유하고 보유기간 중 거주기간이 2년 이상인 것으로 한다. 이 경우 해당 1주택이 공동상속주택인 경우 거주기간은 거주기간은 해당 주택에 거주한 공동상속인의 거주기간 중 가장 긴 기간으로 한다.

보유기간	공제율(4배수)	거주기간	공제율(4배수)
3년 이상 4년 미만	12%	2년 이상 3년 미만	8%
		3년 이상 4년 미만	12%
4년 이상 5년 미만	16%	4년 이상 5년 미만	16%
5년 이상 6년 미만	20%	5년 이상 6년 미만	20%
6년 이상 7년 미만	24%	6년 이상 7년 미만	24%
7년 이상 8년 미만	28%	7년 이상 8년 미만	28%
8년 이상 9년 미만	32%	8년 이상 9년 미만	32%
9년 이상 10년 미만	36%	9년 이상 10년 미만	36%
10년 이상	40%	10년 이상	40%

(4) 양도소득금액의 계산

양도소득금액은 1그룹인 부동산 및 이에 준하는 자산(토지와 건물, 부동산에 관한 권리, 기타자산), 2그룹인 주식과 3그룹인 파생상품, 4그룹인 신탁 수익권의 4가지 그룹으로 나누어 각 그룹별로 계산한다. 이때, 양도자산별로 양도차손이 발생한 경우에는 다음과 같이 처리한다.

① 동일그룹 내의 동일한 세율을 적용받는 자산의 양도소득금액에서 공제하며, 잔액이 남을 경우 동일그룹 내의 다른 세율을 적용받는 자산의 양도소득금액의 비율로 안분하여 양도차손을 공제한다.

② 위 ①에 의하여 공제되지 못한 양도차손은 소멸한다. 즉, 종합소득·퇴직소득에서 공제할 수 없으며 다음 과세기간으로도 이월되지 않는다.

(5) 양도소득기본공제

양도소득이 있는 거주자에 대해서는 해당 과세기간의 양도소득금액에서 <u>다음의 그룹별로 각각 250만원</u>(양도소득기본공제)을 공제한다.(단, 미등기양도자산은 공제대상에서 제외) → 자산별로 적용X

1그룹 : 토지·건물·부동산에 관한 권리·기타자산의 양도소득금액
2그룹 : 주식·출자지분의 양도소득금액
3그룹 : 파생상품등의 거래·행위로 발생하는 양도소득금액
4그룹 : 신탁 수익권의 양도로 발생하는 양도소득금액

* 공제순위
 ① 양도소득금액 중에 감면소득이 있는 경우에는 감면소득 이외의 양도소득에서 먼저 공제한다.
 ② 감면소득 이외의 양도소득금액 중에서는 해당연도 중 먼저 양도한 자산의 양도소득금액에서부터 순차로 공제한다.
 ③ 자산을 동시에 양도한 경우에는 납세자가 선택한 자산의 양도소득금액에서 기본공제를 적용한다.
  → 세부담 최소화 가정이 주어진 문제에서는 높은 세율이 적용되는 자산에서 공제한다.

(6) 고가주택 등의 양도소득금액 계산

1세대 1주택 비과세 요건을 충족한 고가주택(이에 부수되는 토지 포함) 및 조합원입주권(이하 '고가주택 등'이라 함)은 실지거래가액이 12억원을 초과하는 부분에 대해서만 과세하므로 양도차익 및 장기보유특별공제액은 다음과 같이 계산한다. 이 경우 해당 주택 또는 이에 부수되는 토지가 그 보유기간이 다르거나 미등기양도자산에 해당하거나 일부만 양도하는 때에는 12억원에 해당 주택 또는 이에 부수되는 토지의 양도가액이 그 주택과 이에 부수되는 토지의 양도가액의 합계액에서 차지하는 비율을 곱하여 안분계산한다.

구 분	내 용
(1) 양도차익	고가주택 등의 양도차익 = 총 양도차익 × $\dfrac{\text{양도가액} - 12\text{억원}}{\text{양도가액}}$
(2) 장기보유특별공제액	고가주택 등의 장기보유특별공제액 = 총 장기보유특별공제액 × $\dfrac{\text{양도가액} - 12\text{억원}}{\text{양도가액}}$

* 양도소득기본공제는 그룹별로 250만원을 공제한다.

사례 03 고가주택

홍길동은 자신이 거주하던 A아파트(1세대 1주택 비과세요건 충족함)를 양도하였다. 홍길동과 그 가족은 A아파트 외에 국내에 다른 주택을 보유하고 있지 않다. 다음 자료를 참고하여 양도소득과세표준을 계산하면 얼마인가?

(1) 취득 및 양도관련 자료

구 분	일 자	A아파트 공동주택가격	실지거래가액
취 득	2016. 2. 5.	6억원	?
양 도	2024. 2. 28.	12억원	16억원

(2) 이 아파트는 등기된 자산으로 취득당시 실지거래가액, 매매사례가액, 감정가액은 확인되지 않으며, 보유중에 자본적지출액으로 1억 5천만원을, 양도시 양도비용으로 5천만원을 지출하였다.

(3) 동 주택에 대한 장기보유특별공제율은 보유기간별 공제율과 거주기간별 공제율 각각 32%씩 적용한다.

해설 A아파트는 1세대 1주택으로 비과세대상이나 양도가액이 12억원을 초과하는 고가주택이므로 12억원을 초과하는 부분에 대하여는 과세된다.

(1) 일반적인 양도차익의 계산

양도가액	₩1,600,000,000
취득가액	(800,000,000)[*1]
필요경비	(18,000,000)[*2]
양도차익	₩782,000,000

*1. 환산취득가액

$$\text{₩}1{,}600{,}000{,}000 \times \dfrac{\text{₩}600{,}000{,}000}{\text{₩}1{,}200{,}000{,}000} = \text{₩}800{,}000{,}000$$

2. 필요경비개산공제

   ₩600,000,000 × 3% = ₩18,000,000

3. 취득당시 실지거래가액을 환산취득가액에 의하므로 필요경비는 필요경비개산공제를 적용한다.
4. 취득가액을 환산취득가액으로 하는 경우로서 '환산취득가액과 필요경비개산공제액의 합계액'이 '양도자산에 대한 자본적지출액과 양도비용의 합계액'보다 적은 경우에는 양도가액에서 '양도자산에 대한 자본적지출액과 양도비용의 합계액'을 차감한 금액을 양도차익으로 할 수 있다.

(2) 고가주택의 양도소득과세표준

양도차익	₩782,000,000 × (16억 - 12억) / 16억 =	₩195,500,000
장기보유특별공제	₩195,500,000 × 64%(보유기간 공제율 32% + 거주기간 공제율 32%) =	(125,120,000)
양도소득기본공제		(2,500,000)
양도소득과세표준		₩67,880,000

6 양도소득세의 계산

```
        양 도 소 득 과 세 표 준
      × 세                  율
      = 양 도 소 득 산 출 세 액
      - 세      액      감      면
      = 양 도 소 득 결 정 세 액
      + 가          산          세
      = 양 도 소 득 총 결 정 세 액
      - 기  납  부  세  액    →  예정신고납부세액, 수시부과세액
      = 차 감 납 부 할 세 액
```

(1) 양도소득세율

구 분		양도소득세 과세대상자산		세 율[1]
1그룹	토지, 건물 및 부동산에 관한 권리	① 미등기자산		70%
		② 분양권		60%
		③ 보유기간이 1년 미만인 것	a. 일반	50%
			b. 주택[2], 조합원입주권 및 분양권	70%
		④ 보유기간이 1년 이상 2년 미만인 것	a. 일반	40%
			b. 주택[2], 조합원입주권 및 분양권	60%
		⑤ 비사업용 토지		기본세율 + 10%
		⑥ 위 ①~⑤ 이외의 경우		기본세율

기타자산	① 특정주식(A, B) 중 비사업용 토지 과다보유법인의 주식	기본세율 + 10%
	② ① 이외의 경우	기본세율

*1. 하나의 자산이 둘 이상의 세율에 해당할 때에는 해당 세율을 적용하여 계산한 양도소득 산출세액 중 큰 것을 그 세액으로 한다.
2. 주택에는 주택부수토지(본장 2절 참조)를 포함한다.
3. 양도소득세의 2그룹(주식 등), 3그룹(파생상품), 4그룹(신탁수익권)의 세율은 본 서에서 다루지 않는다.

(2) 투기지정지역 내 부동산을 양도하는 경우 산출세액 계산의 특례

다음의 어느 하나에 해당하는 부동산을 양도하는 경우에는 기본세율에 10%(①의 경우에는 '기본세율 + 20%')를 더한 세율을 적용한다. 이 경우 해당 부동산 보유기간이 2년 미만인 경우에는 기본세율에 10%(①의 경우에는 '기본세율 + 20%')를 더한 세율을 적용하여 계산한 양도소득의 산출세액과 40%(또는 50%)세율을 적용하여 계산한 양도소득 산출세액 중 큰 세액을 양도소득 산출세액으로 한다.

① 투기지정지역에 있는 부동산으로서 비사업용 토지. 다만, 지정지역의 공고가 있는 날 이전에 토지를 양도하기 위하여 매매계약을 체결하고 계약금을 지급받은 사실이 증명서류에 의하여 확인되는 경우는 제외한다.

② 그 밖에 부동산 가격이 급등하였거나 급등할 우려가 있어 부동산 가격의 안정을 위하여 필요한 경우에 대통령령으로 정하는 부동산

(3) 조정대상지역(국토교통부장관이 지정·공고함)에 있는 주택 양도시 세율 적용 특례

다음의 어느 하나에 해당하는 주택(부수토지 포함)을 양도하는 경우 기본세율에 20%(③, ④의 경우 30%)를 더한 세율을 적용한다. 이 경우 해당 주택 보유기간이 2년 미만인 경우에는 기본세율에 20%(③, ④의 경우 30%)를 더한 세율을 적용하여 계산한 양도소득 산출세액과 70% · 60% 세율(1년 미만 70%, 1년 이상 2년 미만 60%)을 적용하여 계산한 양도소득 산출세액 중 큰 세액을 양도소득 산출세액으로 한다.

단, 보유기간이 2년 이상인 조정대상지역의 1세대 2주택 이상에 해당하는 법 소정의 주택을 2022.5.10.~2025.5.9.까지 양도하는 경우에는 세율 중과 규정을 한시적으로 배제하고 기본세율을 적용한다.(한시적 규정)

① 조정대상지역에 있는 주택으로서 1세대 2주택에 해당하는 주택
② 조정대상지역에 있는 주택으로서 1세대가 주택과 조합원입주권 또는 분양권을 각각 1개씩 보유한 경우 해당 주택. 다만, 장기임대주택 등은 제외함.
③ 조정대상지역에 있는 주택으로서 1세대 3주택 이상에 해당하는 주택
④ 조정대상지역에 있는 주택으로서 1세대가 주택과 조합원입주권 또는 분양권을 보유한 경우로서 그 수의 합이 3 이상인 경우 해당 주택. 다만, 장기임대주택 등은 제외함.

* 조합원입주권은 주택수의 계산에는 포함되나 '기본세율 + 20%(또는 30%)'의 세율을 적용하는 대상은 아니다. 따라서 조정대상지역 내에서 다주택자가 조합원입주권을 양도하는 경우에는 일반적인 양도소득세율(1년 미만 보유시 70%, 1년 이상 2년 미만 보유시 60%, 그 외 경우 기본세율)을 적용한다.

(4) 산출세액계산의 특례

해당 과세기간에 1그룹 자산을 둘 이상 양도하는 경우 양도소득산출세액은 다음과 같이 계산한다.

양도소득산출세액 : ①과 ② 중 큰 금액에 해당하는 산출세액
① '해당 과세기간의 양도소득과세표준 합계액 × 기본세율'(산출세액 Ⓐ) - 양도소득세 감면액
② '자산별 양도소득산출세액 합계액'(산출세액 Ⓑ) - 양도소득세 감면액

7 양도소득세의 납세절차

(1) 양도소득과세표준 예정신고와 납부

양도소득세 과세대상 자산을 양도한 거주자는 다음의 기한내에 예정신고 및 납부를 하여야 하며, 양도차익이 없거나 양도차손이 발생한 경우에도 신고하여야 한다. 이러한 예정신고납부 미이행시 신고불성실가산세 · 납부지연가산세를 부과한다.

구 분		예정신고기한
토지··건물, 부동산에 관한 권리, 기타자산(1그룹)		양도일이 속하는 달의 말일부터 2개월*
주식 · 출자지분 (2그룹)	① 상장주식 중 장외거래분 · 대주주 양도분 ② 비상장주식	양도일이 속하는 반기의 말일부터 2개월
	③ 해외주식	예정신고 없음
파생상품(3그룹)		예정신고 없음
신탁 수익권(4그룹)		양도일이 속하는 달의 말일부터 2개월

* 「부동산 거래신고 등에 관한 법률」에 따른 토지거래계약에 관한 허가구역에 있는 토지를 양도할 때 토지거래계약허가를 받기 전에 대금을 청산한 경우에는 그 허가일(토지거래계약허가를 받기 전에 허가구역의 지정이 해제된 경우에는 그 해제일을 말함)이 속하는 달의 말일부터 2개월로 한다.

(2) 양도소득과세표준 확정신고

1) 원칙

해당 과세기간의 양도소득금액이 있는 거주자는 그 양도소득과세표준을 그 과세기간의 다음연도 5월 1일부터 5월 31일까지 납세지 관할세무서장에게 신고하여야 하며, 해당 과세기간의 과세표준이 없거나 결손금이 있는 경우에도 신고하여야 한다.

2) 예외

예정신고를 한 자는 위의 규정에도 불구하고 해당 소득에 대한 확정신고를 하지 않아도 무방하다. 다만, 다음의 경우에는 예정신고를 한 경우에도 과세표준 확정신고를 하여야 한다.

① 당해연도에 누진세율의 적용대상 자산에 대한 예정신고를 2회 이상 한 자가 이미 신고한 양도소득금액과 합산하여 예정신고하지 아니한 경우
② 토지, 건물, 부동산에 관한 권리 및 기타자산을 2회 이상 양도한 경우로서 양도소득기본공제 (a. 감면소득 외 양도소득금액에서 먼저 공제 b. 감면소득 외 양도소금금액 중에서는 먼저 양도한 양도소득금액에서 먼저 공제)를 적용할 경우 당초 신고한 양도소득산출세액이 달라지는 경우
③ 토지, 건물, 부동산에 관한 권리 및 기타자산을 둘 이상 양도한 경우로서 '산출세액계산의 특례' 규정을 적용할 경우 당초 신고한 양도소득산출세액이 달라지는 경우

(2) 확정신고납부

거주자는 다음의 금액을 확정신고기한까지 납부하여야 한다. 또한, 자진납부할 세액이 1천만원을 초과하는 자는 종합소득세의 경우와 같은 방법으로 납부기한 경과 후 2개월 이내에 분납할 수 있으며, 양도소득세 물납제도는 폐지되었다.

$$\text{자진납부할 세액} = \text{양도소득산출세액} - \text{감면세액} - \text{예정신고산출세액(또는 예정결정·경정한세액)} \cdot \text{수시부과세액}$$

* 거주자가 양도소득세를 신고납부하는 경우에는 개인지방소득세(자진납부할세액의 10% 상당액)도 그 신고기한 만료일(5월 31일)까지 납부하여야 한다.

memo

2024년 세법 첫걸음

발행 2024년 4월 일
공편저 김문철   발행인 서정범   발행처 (주)가치산책컴퍼니   등록번호 제319-2014-14호
전화 031-694-0905   주문·공급 010-6690-7795
팩스 02-6499-3533

ISBN 979-11-93961-03-2 (13360)
정가 10,000원

김문철(공인회계사)

한양대학교 경영학과 졸업

前 산동회계법인 FSI 근무
　웅지세무대학 교수
　웅지경영아카데미 강사
　KG 에듀원(미래)경영아카데미 세법 강사
現 에듀윌 세무사·회계사 세법 강사
　유튜브 '김문철 세법 TV' 운영

저서
- 세법 첫걸음(입문서)
- 세법 기본서
- 세법 정리노트
- 회계사 세법 1차시험 기출문제집
- 세무사 세법 1차시험 기출문제집
- 회계사·세무사 세법 1차시험 파이널 핵심정리
- 회계사·세무사 객관식 세법 1500제
- 세무회계연습 Ⅰ, Ⅱ
- 회계사·세무사 2차시험 세무회계 기출문제집

학원 강의 안내 및 동영상강의 안내
: 에듀윌 세무사·회계사 https://cpta.eduwill.net/

---

* 출간이후 개정법령이나 수정사항은
　에듀윌 세무사·회계사(https://cpta.eduwill.net/),
　유튜브 "김문철 세법 TV"(https://www.youtube.com/channel/@tax_no.1_mccpa),
　다음카페 "김문철 세법 카페"(http://cafe.daum.net/MCanswer)에서 다운로드 가능합니다.